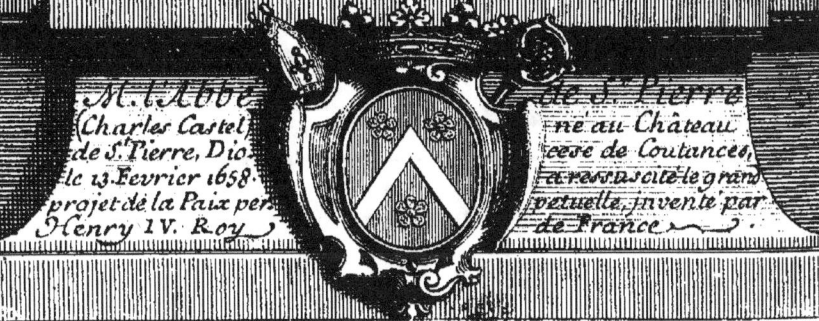

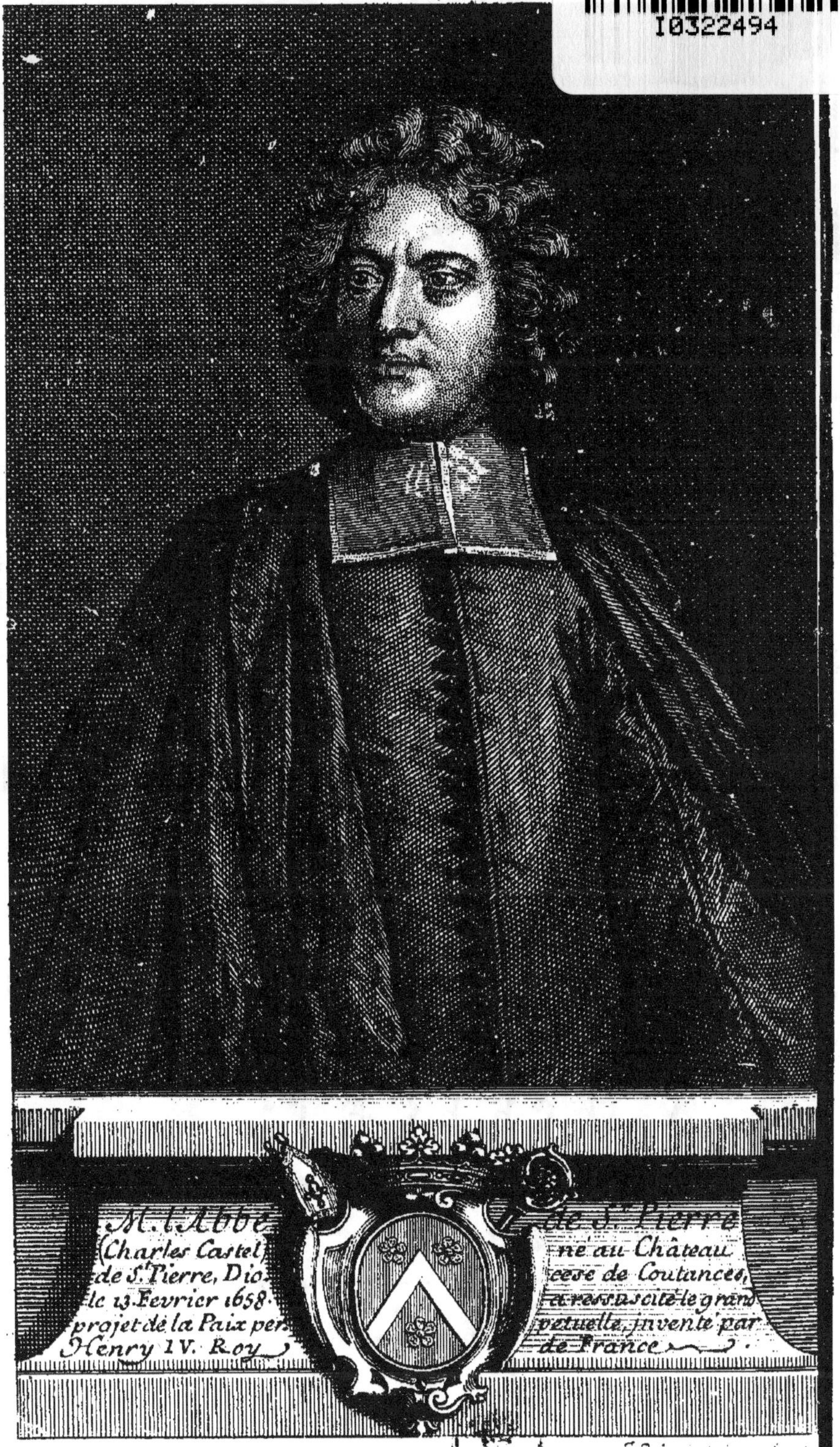
M. l'Abbé de S.t Pierre
(Charles Castel né au Château
de S.t Pierre, Diocese de Coutances,
le 13. Fevrier 1658. a ressuscité le grand
projet de la Paix perpetuelle, inventé par
Henry IV. Roy de France.

PROJET POUR RENDRE LA PAIX PERPETUELLE EN EUROPE.

TOME II.

A UTRECHT,

Chez ANTOINE SCHOUTEN,
Marchand Libraire.

M. DCC. XIII.

PROJET DE PAIX PERPETUELLE, POUR L'EUROPE.

SIXIEME DISCOURS.
Recueil de diverses Objections.

AVERTISSEMENT.

QUOIQUE je me suis appliqué autant qu'il m'a été possible à éclaircir si bien la matiére, que je pûsse ainsi prévenir les objections, je n'ai pas compté que l'on ne m'en feroit point; il s'en fait toûjours, &

cela vient de deux sources; l'une de la faute de l'auteur, qui accoûtumé à ses propres idées voit avec clarté ce que les autres, qui n'ont pas une pareille habitude, ne sçauroient voir qu'avec obscurité, il ne peut plus alors se mettre assez juste au point de vûë des Lecteurs, pour remarquer dans son Ouvrage ce qui manque d'évidence dans les principes, ou de liaison avec les conséquences, chose essentielle cependant pour persuader.

L'autre source vient du Lecteur, qui n'étant pas accoûtumé aux Ouvrages de raisonnemens, dont les parties dépendent les unes des autres, ne donnent pas toute l'attention qui seroit nécessaire pour se souvenir des propositions passées & de leurs preuves; ainsi son esprit faute d'assez de mémoire, ne peut embrasser en même tems un si grand nombre d'idées qui se soûtiennent & se confirment mutuellement; de sorte qu'il n'est pas en état d'appercevoir comment les propositions sont enchaînées entre elles, ni voir par conséquent la force du raisonnement, chose essentielle pour être persuadé. Ainsi il n'est pas étonnant qu'il ne puisse lever lui-même des difficultez qui l'arrêtent.

Il arrive encore à quelques Lecteurs que faute d'habitude pour les Ouvrages où il est question de comparer différens partis, dans chacun desquels il y a divers motifs de différentes espéces, ils n'ont pas assez de mémoire pour les tenir en même tems tous présens à leur esprit; de-là vient qu'ils ne sçauroient faire une exacte comparaison, & qu'ils sont, pour ainsi dire, dans la nécessité de décider par l'impression que leur ont faite les derniers motifs, dont ils se souviennent, sans aucun égard pour ceux dont ils ne se souviennent plus.

Cet inconvénient en fait naître un autre, c'est que les difficultez ne venant que faute de mémoire de la part du Lecteur pour les preuves & pour les raisons qui ont été bien exposées, l'Auteur se trouve dans la nécessité de répeter plusieurs choses qu'il a déja dites. Mais si par mes réponses ceux qui n'ont pû eux-mêmes lever ces difficultez, se trouvent contens, ils ne seront pas choquez d'une répetition dont ils avoient besoin, & qu'ils n'ont garde de prendre pour répetition, puisqu'ils commencent à appercevoir ce qu'ils n'avoient pas encore apperçû : à l'égard de ceux qui se sont eux-mêmes répondu à ces objections, ils n'ont qu'à passer les réponses sans les lire.

I. OBJECTION.

Comme je suppose qu'en considération des avantages immenses que les Anglois & les Hollandois doivent tirer de la Société Européenne, ils n'auroient pas de peine à promettre de rendre à la Maison de France, ou de lui faire rendre toutes les Conquêtes qu'ils ont faites sur elle, après que le Traité d'union aura été signé de tous les Potentats de l'Europe ; un homme d'esprit m'a fait une objection fondée non sur quelque chose de solide, comme il me l'a avoüé, mais fondée sur la crainte excessive que quelques-uns des Alliez ont euë de la puissance de la

Maison de France ; & j'ai crû qu'il falloit y répondre avec soin, de sorte qu'il ne pût rester à aucun d'eux le moindre sentiment de cette crainte.

Si l'on rend à la Maison de France, dira quelqu'un des Alliez, tout ce qu'elle a perdu de cette Guerre, elle sera aussi puissante, même après la formation de l'union, que le reste de l'Europe unie, en y comprenant même le Czar, le Grand-Seigneur, & les Souverains de Barbarie, surtout après qu'on lui aura donné le loisir de rétablir ses affaires ; ainsi dans le Systême de l'union toute formée il n'y auroit pas de sûreté suffisante.

RÉPONSE.

1°. Il n'y a personne qui ne voye que les forces des Anglois, des Hollandois, & de leurs Alliez sont présentement égales au moins à celles de la Maison de France : j'écris ceci dans le mois d'Avril 1712. la Maison de France n'entreprend rien, cela prouve qu'elle n'est pas supérieure, même en l'état où sont les Alliez ;

donc si une partie des Alliez n'occupoient pas une partie de leurs forces ailleurs, & s'ils faisoient pour conquerir les mêmes efforts, que fait cette Maison pour se conserver, il est indubitable que leurs forces seroient de beaucoup supérieures aux siennes : on va le voir en détail.

2°. Il est certain que le Corps Germanique est capable de faire de plus grands efforts, qu'il fourniroit des Contingens plus grands de moitié, qu'il auroit la moitié plus de forces, s'il s'agissoit de se défendre contre les attaques de la Maison de France : il est certain que plusieurs des principaux Princes, s'ils étoient menacez d'être attaquez chez eux par la Maison de France, entretiendroient encore autant de Troupes qu'ils en ont à la solde des Hollandois, ce qui feroit près de quarante mille hommes de plus au delà de ce qu'ils donnent présentement pour leur Contingent. Le Roi de Danemark en est une preuve, lui qui outre les Troupes qu'il entretient contre la Maison de France, outre celles qui sont à la solde des

Alliez, entrétient encore à ses dépens plus de vingt mille hommes, tant sur terre que sur mer, contre le Roi de Suéde, non pour la défensive, mais pour l'offensive. Le Roi Auguste en est une autre preuve bien sensible.

3°. Les Hollandois & les Anglois sçavent bien eux-mêmes que la Maison de France n'est dans cette Guerre que sur la défensive, ce sont eux qui sont sur l'offensive, & qui cherchent à conquerir. Or ils sçavent mieux que d'autres, qu'ils ne font pas le tiers tant d'efforts pour conquerir, qu'ils en féroient, s'il s'agissoit uniquement de se défendre contre les attaques d'un Conquerant : la crainte de périr fait faire plus d'efforts, que l'espérance d'être mieux. Que l'on juge par ce qu'ils font pour attaquer, de ce qu'ils féroient pour se défendre. Or dans le Système de l'Union, il ne s'agiroit que de se défendre ; donc en l'état même où est leur Ligue, ils ont sûreté suffisante contre la Maison de France ; donc ce séroit sans fondement qu'ils la redoute-

A iiij

roient, si leur Ligue devenoit inaltérable, & si loin de s'affoiblir par des diversions, elle se fortifioit par de nouveaux Alliez.

4°. On peut juger par la même raison que les efforts que pourroit faire la Maison de France pour attaquer les Membres de l'Union, seroient de beaucoup moins grands, que ceux qu'elle fait présentement pour se conserver : les Peuples conspirent de toutes leurs forces, quand il s'agit du salut : ils font sans murmure & volontiers au delà de ce qu'on leur démande : les maux de l'Etat deviennent leurs maux particuliers, au lieu qu'ils sont infiniment moins sensibles aux bons succés, que désolez par les grandes impositions, quand il ne s'agit plus que de Conquêtes. Ainsi après l'Union formée, la Maison de France auroit moins de forces pour attaquer, qu'elle n'en a présentement pour se défendre.

5°. Non-seulement les Alliez auroient plus de force alors sur la défensive, qu'ils n'en ont présentement sur l'offensive ; mais ils seroient beaucoup plus unis qu'ils ne font. Or qui ne sçait que l'augmentation d'union augmente les forces de ceux qui font unis ? Et voici ce ce qui augmenteroit leur Union. 1º. Elle seroit pour leur commune conservation. 2º. Il se régarderoient dans le Systême de l'Union comme ne pouvant plus désormais avoir de guerres ensemble, ils n'auroient nulle défiance les uns des autres ; ainsi tous conspireroient avec la même ardeur, & à l'envi, à leur mutuelle défense, comme ne faisant plus qu'un même Corps. 3º. Les Plénipotentiaires toûjours assemblez concerteroient incessamment & unanimement leurs mésures & leurs desseins. Or ce Congrez perpétuel ne mettroit-il pas une force nouvelle, & très-considérable dans l'Union ?

6º. Par la même raison dans cent ans les deux Chefs de la Maison de France ne songeant plus à se conserver mutuellement, en seroient beaucoup moins unis, & en auroient par conséquent bien moins de forces : & qui sçait si par défiance ou par jalousie l'un ne réfuseroit pas d'entrer dans les desseins de l'autre, s'il ne s'agissoit plus que de conquerir? Et puis quand ils s'uniroient pour la Conquête, ils se broüilleroient bien-tôt pour le partage.

7°. Jusques ici je n'ai considéré que les seules forces des Alliez, qui en les supposant sur la défensive, & plus unis, & faisans les mêmes efforts que fait présentement la Maison de France, pourroient facilement entrétenir quatre-vingt mille hommes plus qu'ils n'entretiennent. Jusques ici je n'ai considéré que les seules forces de cette Maison qui seroient certainement moindres au moins de trente mille hommes qu'elles ne sont, si les deux Rois n'étoient plus ni si unis, ni sur la défensive, de sorte que l'on peut dire que les Alliez, tels qu'ils sont sans augmenter leur nombre, auroient seuls par eux-mêmes sûreté suffisante contre la Maison de France. Mais que sera-ce si on augmente encore leur nombre de quelques Etats, comme Suéde, Suisse, Venise, Gênes, & autres Etats d'Italie? Car quand on supposeroit les forces des deux partis en balance, quatre-vingt-mille hommes de plus en supposant Troupes également aguérries & également bien conduites, ne suffisent-ils pas pour emporter de beaucoup la balance, & déterminer la victoire, puisqu'en trois ou quatre ans à fortune égale ces quatre-vingt mille hommes de plus suffiroient aux Alliez pour enlever une Frontiére & pénetrer ensuite dans le cœur des Provinces intérieures. Or l'augmentation de forces, qu'ils tireroient de cette Conquête, & la diminution qu'en souffriroit la Maison de France, feroit que cette augmentation doubleroit : & que fera-ce, si l'on considére que dans le cas de l'Union les Alliez seuls en faisant de pareils efforts que nous, auroient la valeur de cent dix mille hommes plus que nous ?

80. Le Roi de Suéde entretenoit il y a trois ans plus de soixante & dix mille hommes : or étant délivré des craintes de ses voisins, ne peut-il pas porter aussi facilement ses Troupes plus près de ses Etats sur

le Rhin, qu'il les a portées plus loin sur le Boristhéne ?

9°. Les Polonnois, s'ils n'étoient pas divisez, & s'ils n'avoient rien à craindre des Turcs & des Moscovites, ne pourroient-ils pas entretenir trente mille hommes complets sur le Rhin pour la défense commune ? Quand le Czar n'y entrétiendroit qu'un pareil nombre, & le Grand-Seigneur autant, que déviendroient les efforts de la Maison de France, surtout si son Commerce de la Méditerranée étoit interdit chez les Turcs, & troublé par les Africains, & par les autres Alliez dans toutes les Parties du Monde ? Or il n'y a personne qui ne convienne que ces trois Puissances peuvent entretenir plus de cent cinquante mille hommes, au lieu de quatre-vingt-dix mille.

Je conviens que la Maison de France par une Tréve, ou par une Paix peut réparer ses forces, sinon entiérement, du moins pour la plus grande partie : mais les Alliez ne peuvent-ils pas en même proportion réparer les leurs, avec cette différence, qu'ils sont encore moins épuisez, moins endettez que nous, & que comme les Anglois & les Hollandois font un bien plus grand Commerce que nous, leurs forces seront encore plûtôt réparées que les nôtres ?

10°. Telle sera la superiorité de l'Union sur la Maison de France, même en supposant qu'elle ne soit pas entiérement désarmée : mais la chose seroit en bien plus forts termes après le parfait établissement de l'Union, quand cette Maison n'aura pour la France & pour l'Espagne, que douze mille hommes des deux Nations, lors qu'elle sera environnée de Puissances, comme le Portugal, l'Angleterre, la Hollande, les Electeurs Ecclésiastiques, l'Electeur Palatin, le Cercle de Suabe, les Suisses, le Duc de Savoye, les Venitiens, le Pape, le Grand-Duc, les Gênois, qui auroient sur les Frontiéres de la Maison de France six fois autant de Troupes ; cela joint à la vigilance nécessaire des Résidens, ne feroit-il pas une sûreté suffisante, puisqu'au moindre mouvement, au moindre avis des Résidens, ces Princes féroient accablez avant qu'ils eussent pû lever chacun quinze mille hommes de plus?

11°. Nous avons montré que l'idée de conquerir l'Europe est une idée parfaitement chimérique, & que quand les deux Chefs de la Maison de France bien unis dans le siécle à venir pourroient y réüssir, ce féroit la plus grande faute qu'ils pussent faire contre la conservation de leur Maison sur le Trône?

12°. Il y a une considération importante, & qui empêchera toûjours tout Prince de se séparer de l'Union, pour réplonger l'Europe dans les malheurs de la Guerre ; c'est que quelques Provinces de l'ennemi déclaré de l'Union pourroient se révolter contre lui ; alors elles féroient fortement secourües, & pour toûjours démembrées de l'Etat de cet ennemi declaré, & gouvernées, ou en République, ou sous la Domination du Chef de la Révolte en Monarchies ; les Provinces Frontiéres comme plus proches du secours, y féroient plus exposées, & loin de payer volontairement de grands subsides pour récommencer une Guerre éternelle, elles seroient toutes fort ébranlées, pour se jetter entre les bras de l'Union, afin de se maintenir toûjours dans une Paix perpétuelle.

13º. Le Roi d'Espagne a cédé en propriété à l'Electeur de Baviére les Païs-Bas Espagnols ; ce seroit encore une nouvelle barriére pour les Hollandois, & par conséquent une augmentation de sûreté pour l'Europe, puisqu'ils n'auroient plus la Maison de France pour voisine, & qu'elle seroit moins puissante par cette cession.

Ainsi il est évident qu'afin que la Maison de France pût former dans cent ans le projet de se séparer de l'Union, il faudroit que les deux Chefs de cette Maison fussent alors dévenus absolument insensez. Or si l'Union ne peut jamais avoir rien à craindre de ces deux Puissances, que dans un cas si extraordinaire, on peut dire qu'elle a de ce côtélà une sûreté suffisante, d'autant plus qu'en les supposant dans ce dégré d'extravagance, on ne pourroit pas supposer qu'ils eussent assez de crédit sur leurs Ministres, sur leurs Officiers, & sur leurs Peuples, pour les faire entrer de concert dans une entreprise évidemment ruineuse.

On n'ôte rien par l'Union aux Alliez ennemis de la Maison de France ; & en l'état qu'ils sont, ils sont supérieurs, & font des Conquêtes ; on les fortifie de différentes maniéres, on diminuë les forces de cette Maison. La balance qui panche déja de leur côté, y pancheroit donc alors toûjours avec certitude. Or que fera-ce si à ces Alliez on y en ajoûte encore le double en puissance ? Alors cette augmentation du double ne fait-elle pas un effet infaillible, puisqu'il sera éternellement sûr & infaillible qu'une force double, comme deux livres surmontera toûjours sûrement & infailliblement une force simple, comme une livre ? De sorte qu'on ne peut imaginer aucune sûreté plus suffisante que cette sûreté infaillible.

II.

II. OBJECTION.

Les Souverains ne pourront-ils point avoir à craindre que dans la suite la Ville de Paix, cette espéce de République ne devienne trop puissante ?

RÉPONSE.

1°. Il n'y a qu'à faire attention à la constitution de ce petit Etat, pour dissiper cette crainte ; car enfin qui sont ceux qui le composent? Ne sont-ce pas les Souverains eux-mêmes qui en sont les Membres ? Ne décident-ils pas par l'organe de leurs Députez tout ce qui s'y décide d'important ? Ces Députez ne seront-ils pas obligez, à peine d'être destituez, d'attendre sur chaque matiére importante, les instructions de leurs Souverains ? Et ces Souverains n'y ordonnent-ils pas toutes les dépenses qui s'y ordonnent ? N'en fournissent-ils pas continuellement les révenus, qui sont proprement ses alimens ? N'est-ce pas de ces Contingens que sont payées les Garnisons des Citadelles, qui font sa sûreté ? Ne sont-ils pas les Maîtres de tout ? Chacun d'eux n'a donc pas plus à craindre de cette République, qu'il auroit à craindre de lui-même ? Et n'est-il pas évident que les Sénateurs n'exercent la Souveraineté, que sous les ordres de leurs Souverains mêmes ? A-t-on jamais imaginé que les Souverains des Cercles de l'Empire eussent quelque révolte à craindre de la part de leurs Députez à la Chambre Impériale de Spire, que je régarde en quelque sorte comme le modéle du Sénat de la Ville de Paix ?

2°. Dès que le nombre des Troupes de la Ville de Paix a une simple Garnison, dès que le nombre de ses deniers de réserve est fixé, dès que son Territoire est si limité, dès que ses Habitans sont en si petit nombre, comment pourroit-elle devenir formidable à ceux-mêmes qui la soûtiennent ? Or ces bornes & ces limites qui les posera, que les Souverains eux-mêmes pour leur propre sûreté ? Ainsi ils sont les Maîtres de resserrer ces bornes, ou de les étendre, selon qu'ils le jugeront à propos.

3°. La puissance du Sénat demeurera donc au point que détermineront entre eux les Souverains ; de sorte que le Sénat a les mains liées pour faire le mal ; il n'a point de force pour nuire à personne : il n'en a que pour faire du bien & pour conserver la Paix ; il n'a de pouvoir que pour empêcher les maux que pourroit causer la folle ambition ; il n'a de force que pour maintenir chacun dans son autorité. Voilà pourquoi on peut dire que quand ses forces seroient plus grandes, elles ne seroient jamais à redouter. Y a-t-il au contraire rien à souhaiter pour une Souveraineté qui ne peut rien que pour nôtre protection, si ce n'est l'augmentation de son pouvoir ?

4°. Le Sénat révolté n'auroit à lui que dix mille hommes de Garnison, & vû son petit Territoire, où prendroit-il des hommes que chez ses Maîtres mêmes ?

5°. Quel but se proposeroit un Député ? Seroit-ce de conquerir les

Etats de son Souverain ? Quoi, une personne dont chaque Souverain peut tous les jours révoquer le pouvoir selon son bon plaisir, une personne qu'on suppose une des plus sensées de l'Etat, pourroit se mettre une pareille extravagance dans l'esprit !

6º. Quand cette incompréhensible folie prendroit à un Député, cela ne suffiroit pas ; il faudroit que les deux Vice-Députez & ses deux Agens fussent attaquez de la même folie, & d'une folie encore plus grande, puisqu'ils rénonceroient à leur fortune réelle, pour se livrer à une chimére où ils ne pourroient jamais voir rien de solide pour leur intérêt.

7º. Mais ce ne seroit pas assez qu'un, deux ou trois de ces Députez fussent attaquez en même tems de cette maladie, ce ne seroit pas assez que leurs Vice-Députez & les Agens de leurs Souverains tombassent dans le même accident ; il faudroit que les vingt-quatre Députez, les quarante-huit Vice-Députez, les quarante-huit Agens fussent capables de la même extravagance, qu'ils fussent convenus de déclarer la Guerre à l'Europe entiére, & qu'ils eussent fait entr'eux le partage de leurs conquêtes. Or on a beau supposer les hommes capables de folie, ces suppositions ont leurs bornes, & quand, pour fonder quelque crainte, on supposera qu'un homme sage dévienne tout d'un coup extravagant, cette crainte sera assez mal fondée. Mais que sera-ce, si, pour avoir le moindre sujet de crainte, il faut supposer que cent hommes très-sages déviennent tous fous en même tems, & entrent tous dans un Projet parfaitement extravagant.

8º. S'il reste quelque crainte, on peut pour s'en délivrer, convénir que chaque Député sera rappellé après trois ou quatre ans de résidence.

III. OBJECTION.

On m'a objecté que la résidence perpétuelle des Députez dans la Ville de Paix pourra donner occasion à quelques Souverains ambitieux de faire par leurs Députez même des conspirations pour renverser l'Union, & pour partager l'Europe entr'eux.

RÉPONSE.

1º. Il n'est pas possible qu'une pareille conspiration réüssisse, qu'elle ne soit confiée à un grand nombre de personnes, & le grand nombre de Conjurez fait toûjours échoüer de pareils desseins, ou plûtôt empêche toûjours de les entreprendre. La crainte que peut avoir un Conjuré d'être prévenu par quelqu'autre qui découvrira la conspiration, & qui par cette découverte sera à couvert du danger, & gagnera une grande récompense, cette crainte (dis-je) feroit que chacun à l'envi découvriroit l'affaire avant qu'elle pût réüssir, & cette crainte suffit pour empêcher les Conjurez de s'embarquer dans la conjuration, ou s'ils s'y embarquent, elle suffit pour les porter à la découvrir.

2º. Il est à propos de rémarquer

une grande différence entre une conspiration où il peut entrer des gens de vertu par des motifs de Réligion, du bien public contre la tyrannie, & une conspiration où il ne peut entrer que des hommes corrompus par l'avarice & des scelerats, qui, pourvû qu'ils s'enrichissent, comptent pour rien de détruire par les plus grands crimes une Confédération, une Alliance qui rend toutes les Nations heureuses, les meilleurs esprits désirent la gloire & craignent la honte; & des entreprises où il n'entre point d'excellens esprits pour les conduire, ne sçauroient jamais réüssir, surtout celles où il faut du secret, de la constance, de la fermeté & de la confiance mutuelle. Une Société de Voleurs peut durer cachée jusqu'à ce que quelqu'un de la Troupe soit sûr de gagner quatre fois plus à l'aller découvrir, qu'il ne gagnera à y rester : mais dès-que par de bonnes Loix sa récompense sera fort honorable, très-assûrée & dix fois plus considérable que ce qu'il auroit pû espérer en y restant, il n'aura garde d'y rester; l'intérêt qui les tient unis & cachez peut également les désunir & les découvrir, surtout si l'intérêt de celui qui révelera devient dix fois plus fort, & s'il peut attendre des loüanges & des honneurs de sa révelation.

3º. Il y va de la vie & de l'infamie des Députez & des Vice-Députez qui démeureroient dans la conspiration ; Il y va même de tout pour le salut de l'Union, de donner un exemple fameux & sévére : le coupable perdra ses biens & la vie. Or qui seront les Princes assez fous pour projetter une entreprise aussi extravagante, aussi odieuse, aussi blamable, aussi hazardeuse ? Qui seront les Ministres qui oseront la conseiller ou l'appuyer ; surtout s'ils ont un sûr azile & une récompense très-avantageuse & très-honorable dans la Ville de Paix & partout ailleurs ? Qui seront les Peuples qui ne se révolteront pas unanimement contre un Souverain dans une entreprise aussi injuste, qui leur ôteroit le répos pour toûjours, & pour le succés de laquelle

ils

ils feroient obligez de fournir de gros subsides ?

40. Quelle sûreté y auroit-il que la Paix durât entre les Princes révoltez, quand même ils auroient été assez heureux pour faire les Conquêtes qu'ils auroient projetté de faire ? Quelle sûreté pourroient-ils se donner de l'exécution de leur Traité de partage ; autre que leur parole, que leur promesse, que leur Traité même ? Or quel fondement pourroient-ils faire sur leurs paroles, sur leurs promesses & sur leurs Traitez, eux qui violent actuellement, & qui foulent aux pieds ce qu'il y a de plus sacré & de plus respectable dans les promesses, dans les paroles & dans les Traitez ? Or feront-ils assez insensez pour risquer autant sans aucune sûreté raisonnable.

Auguste & Antoine qui avoient tant d'intérêt de ne point entrer en Guerre, après avoir partagé entr'eux les vastes Etats de la République Romaine, pûrent-ils achever leur vie en Paix ? Les autres Empereurs d'Orient & d'Occident n'ont-ils pas eu inceſſamment des Guerres entre eux, & les Princes pour être dévenus plus puiſſans en ſont-ils jamais dévenus plus équitables, plus modérez, plus patiens, moins jaloux de la grandeur de leurs voiſins, en un mot plus paiſibles ?

Quand même un Souverain ſéroit ſûr de ſe rendre le Maître de la Terre entiére, il y perdroit beaucoup, ſoit pour ſa réputation, ſoit pour la ſûreté de la durée de ſa famille ſur le Trône pour ſa réputation : car enfin quelles voyes ſéroit-il obligé de prendre pour réüſſir, que des voix de trahiſon contre ſes Traitez, contre ſes Promeſſes, contre ſes Sermens, contre toutes les Loix de l'équité & de la bonne foi, contre le bien de la Société des hommes, en faiſant tout ce qui dépend de lui, pour les réplonger eux & leur poſtérité dans les effroyables malheurs de la Diviſion & de la Guerre ? Et peut-on comprendre que par amour pour la gloire il voulût tenir à la face de l'Univers une conduite auſſi dèshonorante ?

A l'égard de la durée de ſa famille sur le Trône, cela n'est pas moins visible, puisqu'il est rare qu'il n'y ait pas de division entre les fréres du prémier & les fréres du second lit, qu'il n'y ait pas des Minoritez & des Régences, qu'il n'y ait pas des prémiers Ministres ambitieux sous des Rois foibles & de peu d'esprit, comme on a vû sur le Trône de Constantinople, comme on a vû dans toutes les autres Monarchies.

6°. Pour s'assûrer de la fidélité de la Garnison des Citadelles, & pour être averti de la marche des Troupes ennemies, on prendra des précautions si sages, qu'il ne séra jamais possible à un Prince ambitieux d'espérer quelque succés contre la Ville de l'Union ; il faudroit corrompre les Résidens & les autres Officiers de l'Union ; il faudroit faire garder le sécret aux Troupes mêmes ; il faudroit qu'elles eussent des aîles au lieu de jambes, pour arriver toutes à tems & sécrettement au Rendez-vous : toutes choses qui ne sont pas praticables.

7°. J'ai par précaution proposé que les Députez des Républiques de Hollande, de Venise, des Suisses, de Gênes seroient toûjours du Conseil des cinq entre les mains de qui sera toute l'autorité de la Ville, & qui ne pourront jamais par rapport à leurs Souverains nourrir de pareils desseins ambitieux, & puis que gagneroit chaque Citoyen particulier à de pareilles Conquêtes?

8º. Les Garnisons seront toutes composées de Troupes Républicaines & d'Officiers de République. Or est-il vrai-semblable que les Républiques d'Europe entrassent dans une pareille conspiration ?

9º. Quand une conspiration auroit détruit la Ville de Paix, l'Union ne seroit pas détruite pour cela, & les Souverains attaquez n'en démeureroient que plus unis & plus animez à prendre vangeance de leurs ennemis, leurs Peuples n'en seroient que plus disposez à faire les derniers efforts pour les vaincre & les anéantir ; l'Union se rassembleroit bien-tôt ailleurs, & comme le reste des Princes de l'Union seroit beaucoup plus fort que ceux qui s'en seroient séparées, la Guerre ne pourroit pas durer.

10°. Les Unions formées pour se défendre peuvent durer, c'est qu'alors la jalousie ne séme point la division sur le partage de nouveaux biens, on se borne à la conservation des anciens : mais de Ligues entre trois Princes pour conquerir, font des Ligues impraticables, ou du moins elles ne font pas durables. Ils ne sçauroient ni prévoir tous les cas dans un Traité, ni en convenir, s'ils les prévoyent.

11°. Qui assûreroit un de ces trois Princes qu'après la conquête de l'Europe, ou de l'Asie, deux ne se ligueroient pas à leur tour contre lui pour le dépoüiller lui-même entiérement & partager sa dépoüille : cette Ligue séroit encore plus aisée à former. Or cependant sans une pareille assûrance, sans une pareille sûreté, un homme renoncera-t-il à la protection que lui donneroit l'Union Européenne ? Et où peut-il jamais sans une pareille Union trouver une pareille sûreté ? Séront-ce des paroles, des Traitez, des Sermens ? Ils s'en mocquent. Séra-ce l'égalité des forces ? Mais on suppose que deux étant unis accableront le troisiéme, & d'ailleurs ne peuvent-ils pas attendre l'occasion d'une Minorité & d'un Régne foible ? L'ambition les pousse, & nulle crainte ne les rétient, qu'en doit-on attendre ? Trois Voleurs ont assassiné leurs Voisins; trouveront-ils bien de la sûreté à demeurer en même lieu, après avoir partagé le butin, eux qui ne se soucient d'aucunes Loix, & qui ne reçoivent de conseils que de l'avarice ?

12º. Celui à qui viendroit une pareille idée pourroit-il jamais, s'il n'est extravagant, la confier à des Princes qui sont en défiance de lui, qui le régardent toûjours avec quelque jalousie, & qui, quelques dehors honnêtes qu'ils ayent sont, toûjours intéressez à son abaissement ? De deux choses l'une, ou il y auroit de sa part une proposition signée de lui, ou bien il n'y en auroit point. S'il n'y en a point, quel Prince ne croira pas qu'on le tente, afin de lui faire faire une fausse démarche pour le perdre ? Si la proposition est sérieuse & signée, c'est une grande extravagance, & quel Prince voudra entrer en Société avec un extravagant? N'aimera-t-il pas mieux au contraire le faire dépoüiller d'une partie considérable de son Etat, en montrant des preuves constantes de sa trahison, que de s'en faire complice, sans espérance d'aucun succès?

13°. Le Congrez perpétuel ne donne pas plus de facilité aux Ligues odieuses: au contraire l'attention perpétuelle de l'Assemblée sur la conduite de tous les Souverains, est une nouvelle précaution contre ces sortes de Ligues.

14°. En un mot gens sages ne sçauroient former une entreprise aussi folle, & gens extravagans ne sçauroient la conduire, & beaucoup moins y réüssir, & dès-que cela est ainsi, gens raisonnables ne sçauroient la craindre.

IV. OBJECTION.

Un Monarque & surtout un Monarque puissant comme le Grand-Seigneur, comme le Czar aura une

32 *Projet de Paix perpetuelle,*
grande raison pour ne point consentir à l'Union générale, c'est que dans le Systême de la Guerre il ne reconnoît que Dieu pour Juge des différens qu'il peut avoir avec ses voisins ; & pour le gain de son Procez, il ne dépend que de ses propres forces, du nombre, de la valeur, de la conduite de ses Troupes & de ses Officiers : en un mot il ne dépend que du sort des armes, au lieu que dans le Systême de la Paix perpétuelle, où de l'Union Européenne, prenant les autres Souverains pour ses Arbitres, & leur donnant la force & l'autorité nécessaires pour faire exécuter leurs Jugemens, il reconnoît une Supériorité, un Tribunal qu'il ne reconnoissoit pas, il entre dans une dépendance dans laquelle il n'étoit pas.

RÉPONSE.

1°. Toute cette dépendance où le Souverain se met par l'Union générale, se réduit à se soûmettre au Jugement des autres Souverains qu'il a choisis pour Arbitres, en cas qu'il ait des démêlez à juger : or puisqu'il ne peut jamais avoir de démêlé, si ce n'est avec ses Voisins ou avec ses Sujets rebelles à ses ordres, & que par un des Articles fondamentaux l'Union ne se peut mêler des différens avec ses Sujets, que pour lui donner un secours décisif contre les Rébelles ; il s'ensuit que si de sa vie il n'a aucun démêlé à juger avec ses voisins, il n'aura de sa vie aucune dépendance de l'Union. Voilà déja une grande diminution de cettte dépendance.

Sur le chapitre des Sujets rébelles il y a une considération décisive, c'est que le plus grand nombre des Membres de l'Union, ce sont des Rois ou des Princes absolus qui ont tous intérêt de conserver un pouvoir absolu & parfaitement indépendant sur leurs Sujets, & qu'ils n'ont garde de donner des instructions à leurs Députez pour opiner dans le Sénat que conformément à l'autorité despotique. Il est vrai que le Parlement d'Angleterre, la Diette de Pologne & les Etats d'Allemagne peuvent obtenir que l'Union les conserve dans le pouvoir de concourir à la formation des Loix nouvelles, & les protége dans l'observation des *Pacta conventa*, du Traité de Westphalie, des Capitulations Impériales, &c. mais ce sont des exceptions qui n'intéressent point les autres Monarques; ils ne sentiront que mieux leur pouvoir sur leurs Sujets, en voyant que celui de quelques Souverains voisins est plus limité que le leur.

2°. Si ce Souverain reconnoît les autres Souverains pour ses Juges & ses Supérieurs dans les Procez, ils le réconnoissent pour leur Juge dans les leurs; de sorte qu'il ne céde d'un côté qu'autant qu'il acquiert de l'autre, & s'il céde aux autres une sorte de supériorité sur lui, s'il se met dans une sorte de dépendance grande ou petite, en cas qu'il ait des Procez, chacun des autres Souverains lui céde pareille supériorité, en cas qu'ils ayent des Procez ou des Differens à juger avec leurs Voisins, & se mettent tous dans une pareille dépendance à son égard. Ainsi jusques-là tout est égal pour lui dans le Syſtême de l'Arbitrage, ou plûtôt dans le Syſtême de la Paix perpétuelle.

3°. Cette dépendance des Arbitres eſt plus ou moins grande à proportion, que ce qui eſt déféré à leur Arbitrage eſt plus ou moins conſidérable. Or dés que par un des Articles fondamentaux de l'Union, on eſt convenu que chaque Souverain demeurera perpétuellement en poſſeſſion de tout le Territoire qu'il poſſéde actuellement, dés qu'on eſt convenu que nul Etat ne pourra jamais accroître ou diminuer ſon Territoire par ſucceſſion, donation, vente ou autrement, que le Commerce ſera libre, égal & réciproque, il eſt évident que tout ſujet de Procés ſera très-peu de choſe ; il s'agira peut-être de quelque Iſle inhabitée, de quelques Cabanes de Sauvages ; ainſi quand un Souverain pourroit craindre un Jugement injuſte, l'injuſtice du Jugement ne ſeroit pas plus à craindre que la perte de la choſe même ; ainſi quand il devroit avoir pendant ſa vie deux ou trois petits Procés, cette dépendance dont il est question à l'égard de ses Arbitres devient si petite, qu'elle est presque insensible.

4°. Non-seulement la dépendance diminuë à l'égard des Juges à proportion du petit nombre de Procés, & à proportion que le sujet du Procés est leger & peu important, elle diminuë encore à proportion que l'on croît les Juges éclairez, équitables & fortement intéressez à juger avec une équité scrupuleuse. Or dans le Système de l'Union qu'est-ce qui pourra faire matiére de Procés ? Ce seront quelques petites querelles personnelles ou quelques minuties de limites & de Commerce. Or ceux qui sont Juges ne sont-ils pas tous intéressez à donner sur cela des Jugemens équitables, puisqu'ils peuvent être eux ou leurs enfans & Offenseurs & Offensez, & qu'ils ont & Limites & Commerce à régler. Ainsi on peut dire qu'ils seront tous d'autant plus attentifs à ne faire aucun tort à une des Parties, qu'ils s'en féroient un pareil & peut-être plus grand à eux-mêmes, en s'éloignant de l'équité.

5º. Les Arbitres les moins à craindre & les plus défirables pour une Partie, ce font ceux dont elle eft elle-même l'Arbitre dans un autre Procés.

6º. Ces Jugemens font d'autant moins à craindre, qu'ils ferviront de réglement en cas pareil : or il fe trouvera fouvent que tel qui croit avoir perdu quelque chofe par la décifion de l'Union, aura effectivement beaucoup gagné, en ce que cette décifion le mettra à couvert de pareilles prétentions que fes Voifins auroient pû avoir contre lui & contre fes Succeffeurs. Or moins cet Arbitrage eft à craindre, moins il caufe de dépendance.

7º. Je vais montrer que les autres dépendances que l'on évite par celle-ci font beaucoup plus confidérables : car enfin il n'y a que deux maniéres de décider, ou l'Arbitrage du Syftême de la Paix, ou les hazards du Syftême de la Guerre. Or dans le Syftême de la Guerre un Souverain qui prend les armes n'eft pas fûr d'en être quitte pour fa prétention, s'il eft Demandeur, ou pour céder ce qu'on lui demande, s'il est Défendeur ; (qu'il me soit permis d'user ici de termes de Procés, c'est pour abréger, & puis il s'agit de Procés entre Souverains) il risque tout son Etat, puisque s'il est absolument vaincu, il perd tout, & ce qui étoit en question, & mille fois davantage que ce qui faisoit le sujet du Procés. Or si la grandeur de la dépendance est toûjours proportionnée à l'importance de la chose qui est à décider, il est évident que la dépendance du sort des armes dans le Systême de la Guerre est incomparablement plus grande que celle où se met ce Souverain, en se soûmettant à des Arbitres équitables dans le Systême de la Paix, puisque par l'Arbitrage de l'Union il ne risque jamais que ce qui est en Arbitrage, & c'est peu de chose, au lieu que dans le Systême de la Guerre chacun des Combattans risque tout, lors même qu'il ne combat que pour peu de chose.

8º. Les frais de la décision par le sort des armes dans le Systême de la Guerre sont immenses, ruïneux, &

en pure perte pour chacun des deux Partis, quand ils n'ont rien conquis l'un sûr l'autre, & que par lassitude réciproque ils sont contraints de faire la Paix ou plûtôt la Trêve. Ces frais valent souvent cent fois plus que le capital, au lieu que dans le Systême de l'Union nul ne prend les armes, & le Jugement des Arbitres ne coûte rien aux Parties pour les frais.

9º. Dans la situation présente des affaires de l'Europe, il y a si peu d'espérance d'être remboursé de ses frais par des Conquêtes pour celui qui auroit un grand succés, que si ses Voisins lui voyoient faire des Conquêtes considérables, ils se déclareroient tous dans le moment contre lui, pour les lui faire restituer.

10º. Si dans le Systême de la Guerre il peut se promettre d'avoir des succés heureux & d'être remboursé de ses frais, il est mortel, il n'est pas sûr que sa Maison sera toûjours sans Minorité & sans Régence, & que la Maison sur laquelle il a eu de la supériorité, n'en prenne pas à son tour dans les siécles à venir sur la sienne, & alors supposant qu'elle reprenne sur les Descendans ce qu'il a pris sur elle, n'est-il pas évident que tous les frais & les ravages de la Guerre, tant de part que d'autre, & d'une Guerre qui aura duré plusieurs siécles, démeureront pour les deux Maisons en pure perte. Les frais des Guerres passées dépuis cent soixante-dix ans entre la Maison de France & la Maison d'Autriche ne sont-ils pas en pure perte présentement pour ces deux Maisons ? Et cépendant qu'on suppute à quoi montent ces frais & ces ravages, & l'on verra qu'ils valent quatre fois plus que le Royaume de France en entier, & que la France en cent soixante-dix ans de Paix voudra quatre fois autant qu'elle vaut présentement.

11°. Ou ce Souverain croit sa prétention très-juste, ou il la croit injuste. S'il la croit injuste, y a-t-il rien de plus odieux que de vouloir exécuter contre les autres ce qu'il ne voudroit pas qu'ils exécutassent contre lui? S'il la croit juste, où est la prudence d'aimer mieux que la chose se décide par
le

le sort des armes qui sont toûjours journaliéres, c'est-à-dire par le hazard même, plûtôt que par le Jugement des Arbitres rendus éclairez & équitables par leur propre intérêts ? Y a-t-il donc de la comparaison entre ces deux sortes de dépendances pour un Prince juste & sensé ?

12°. Dans le Systême de la Guerre le Souverain le plus puissant est dans une perpétuelle dépendance à l'égard des Membres de sa Famille qui peuvent se diviser dans une Régence, à l'égard des Grands qui peuvent conspirer, & à l'égard de ses autres Sujets dont une partie peut se révolter sur des prétextes d'impôts excessifs ou de liberté de Réligion : il ne faut point se flatter ; un Souverain dépend de toutes ces choses qui peuvent renverser sa Maison ; ce sont des maladies où toutes les Maisons Souveraines seront toûjours sujettes dans le Systême de la Division & de la Guerre, au lieu que dans le Systême de l'Union & de la Paix le Souverain prévient toutes ces sortes de malheurs pour sa Maison, il la délivre donc pour toûjours d'une des plus terribles dépendances où elle puisse être. Or que l'on compare la seule dépendance de l'Arbitrage avec toutes ces sortes de dépendances, & l'on verra si l'une n'est pas un atôme de dépendance imaginaire en comparaison du nombre & de la grandeur des autres dépendances réelles, dont il se délivre.

13°. Mais enfin quand la dépendance où se met le Souverain par l'Arbitrage ne seroit pas en elle-même tres-petite, quand la Supériorité qu'il céde sur lui aux autres Souverains ne seroit pas parfaitement égale à celle qu'il acquiert sur eux, quand cette dépendance où il se met dans le Systême de l'Arbitrage ne seroit pas infiniment plus petite que toutes les fâcheuses dépendances dont il se délivre en quittant le Systême de la Guerre, quand toutes choses seroient égales de ce côté-là, s'il trouve d'ailleurs dans le Systême de la Paix des avantages infiniment supérieurs à ceux qu'il trouve réellement dans le Syſtême de la Guerre, n'eſt-il pas viſible que la crainte de cette dépendance d'Arbitrage ne dévroit pas l'arrêter ? Or nous avons montré dans le troiſiéme Diſcours une eſpéce d'immenſité dans ces avantages.

14°. Les Souverains d'Allemagne avant de s'unir, avant de convenir d'Arbitres perpétuels, ne ſçavoient-ils pas qu'ils n'avoient que Dieu pour Juge de leurs différens, c'eſt-à-dire, qu'ils ne pouvoient être décidez que par la force ou par le ſort des armes ? Cependant les plus puiſſans d'entre eux, comme les moins puiſſans, jugérent en ſignant cet Arbitrage perpétuel, que cette voye leur étoit à tout prendre beaucoup plus avantageuſe, que de laiſſer toûjours tout à décider à la force. Or pourquoi les plus puiſſans d'Europe ne pourroient-ils pas, ſi on leur propoſe les mêmes raiſons & les mêmes motifs qu'eurent autrefois les plus puiſſans d'Allemagne, prendre la même réſolution pour former l'Arbitrage perpétuel Européen, comme ceux-là prirent

D ij

la résolution de former l'Arbitrage perpétuel Germanique ? Il est vrai que les raisons, les motifs nous ont été enlevez par l'injure du tems, mais le sens commun qui les leur dicta subsiste encore aujourd'hui ; qu'on l'interroge, & il dictera aux Souverains présens ce qu'il dicta aux Souverains des siécles passez, & ce sont ces raisons, ces motifs que j'ai tâché de déviner, & que j'ai expliqué dans le cours de cet Ouvrage, & particuliérement dans le troisiéme Discours.

15°. Henry IV. Roi de France n'étoit-il pas, lorsqu'il mourut, un des plus puissans d'entre les Princes de l'Europe ; il avoit même acquitté la plus grande partie des dettes de l'Etat, & avoit amassé un trésor considérable ; il avoit une grande expérience de la Guerre ; il étoit aimé de ses Peuples ; il avoit un grand génie, un grand courage & une activité merveilleuse : cependant il consentoit à cet Arbitrage perpétuel, & renonçoit à toute espérance d'agrandissement pour l'établissement de l'Union, & c'étoit lui qui en follicitoit l'éxécution, comme l'Inventeur : donc il n'y a nulle impoſſibilité que le Czar ou tout autre Prince puiſſant n'entre dans des vûës auſſi ſages.

V. OBJECTION.

Eſt-il poſſible qu'un Projet qui paroît ſi avantageux à tous les Souverains ait échappé à tant de Princes, à tant de Miniſtres éclairez ? Il faut donc, ou que ces avantages ne ſoient pas auſſi réels qu'ils le paroiſſent, ou que la choſe leur ait paru impoſſible dans l'éxécution.

RÉPONSE.

Il ne faut pas diſſimuler que cette Objection, quoique peu ſolide, eſt cependant ſpécieuſe, & fait d'autant plus d'impreſſion, que le Lecteur me regardant comme l'Auteur du Projet, a quelque raiſon de proportionner l'idée qu'il veut prendre de l'Ouvrage par l'idée qu'il peut avoir pris de l'Auteur. Mais,

1°. Quand je ſerois le prémier

inventeur du Projet, on sçait assez que les plus belles & les plus utiles inventions sont dûës au hazard, & qu'un génie médiocre peut être plus heureux, qu'un génie supérieur.

2°. Avec un pareil argument on rejettera toutes les nouvelles découvertes, les vrayes comme les fausses : avec un pareil raisonnement on se révolta il y a quatre-vingt ans contre le Systême de la Circulation du sang. Ce n'est donc pas sur de simples préjugez qu'il faut juger, quand on peut juger d'un Projet en le regardant par toutes ses faces, & quand on peut l'examiner partie à partie, & dans l'assemblage de toutes ses parties.

3°. J'ai montré qu'heureusement pour le succés du Projet, c'est Henry le Grand qui en est le prémier inventeur : il est vrai que comme à sa mort nous avons perdu les Mémoires qui contenoient les motifs dont il s'étoit déja servi pour persuader dix-sept ou dix-huit Potentats, & les moyens dont il prétendoit se servir pour mettre ce Projet en exécution : il est vrai, dis-je, que jusques ici la chose n'a pas paru ni si aisée à persuader, ni si facile à pratiquer ; mais que le Lecteur s'imagine que ce sont ici les vrais Mémoires d'Henry IV. que j'ai eu le bonheur de les trouver dans une Cassette de plomb, en creusant quelque part sous terre, que je n'ai fait qu'y changer quelques endroits pour m'en attribuer tout l'honneur; il est bien sûr qu'on ne se défiera plus tant de mes idées, & qu'on sera plus disposé à écouter, à approuver ce que l'on y trouvera de raisonnable.

VI. OBJECTION.

Cette Union de l'Europe seroit très souhaitable pour tous les Souverains ; en moins de vingt ans ils doubleroient leurs révenus, c'est l'unique voye pour affermir leurs Maisons sur le Trône contre les efforts des Puissances étrangéres, & contre les Conspirations & les Révoltes de leurs Sujets : nul Traité ne peut jamais leur apporter la centiéme partie des avantages qu'ils tireroient de celui-là. Nous voyons tous avec évidence des sources intarissables de richesses & d'abondance, le repos, la tranquillité, en un mot toute la félicité que leur procureroit une Paix perpétuelle. Nous voyons tous avec évidence la multitude des maux infinis dont ils se délivreroient eux, leurs Familles, & leurs Sujets, en sortant du Systême de la Guerre : ils ne céderoient rien de réel, qui ne soit infiniment au dessous de ce qu'ils acqueréroient : cette Police générale épargneroit à l'Europe un déluge de sang pour tous les siécles, & des miséres plus affreuses, que la mort même, pour ceux qui ne meurent pas. Mais on doit régarder ce beau Projet plûtôt comme le désir d'un bon Citoyen, que comme le Plan d'un bon Politique, *votum, non consilium* : c'est une République de Platon, & non un Projet sérieux ; il ne sçauroit plaire aux esprits corrompus du siécle, *non in Republicâ Platonis sumus, sed in fæce Romuli* : la raison est bien foible contre les passions : il faudroit être tranquille

tranquille pour l'entendre, & l'homme ne l'est jamais. Les Souverains sont des hommes, & les hommes ne sont pas assez sages & assez sensez, pour se conduire par leurs plus grands intérêts : ils craignent moins l'agitation de la Guerre, que l'ennui de la Paix : un ressentiment, une jalousie, une fausse opinion, une vaine espérance d'agrandissement de Territoire, que sçai-je, une vision de Monarchie universelle, une chimére de réputation de grand Capitaine, de grand Conquerant, enfin un objet très-vain ou très-petit, qu'ils désirent depuis leur jeunesse, leur paroîtra beaucoup plus grand, beaucoup plus considérable, qu'un nouvel objet infiniment plus important en lui-même, mais qui ne leur paroîtra presque rien, parce qu'ils n'ont pas eu le tems de s'y accoûtumer ; l'habitude à désirer une même chose forme les passions, & ce sont les passions qui à la honte de la raison, gouvernent les êtres raisonnables.

RÉPONSE.

J'ai ramassé de divers endroits & de diverses personnes cette objection, & j'ai tâché de ne lui rien dérober de sa force : c'est que je ne crains que ceux qui ne veulent rien objecter.

Ces discours généraux sont d'autant plus spécieux, qu'ils sont en partie vrais ; mais il est d'autant plus aisé d'en montrer la foiblesse, que l'on va voir que pour en faire un raisonnement concluant, il faut supposer des choses entiérement fausses & absurdes.

Ramenons les vûës générales à des objets simples & particuliers : de quoi est-il question ? On vient proposer à quatre ou cinq Souverains qui sont très-las d'une très-longue Guerre, un Traité de Paix, qui non-seulement finiroit la Guerre présente, mais qui les préserveroit tous de toute Guerre pour l'avenir. Je parle ici du Roi de France, du Roi d'Espagne, des Anglois, des Hollandois, & des Portugais, que s'il est impossible de faire goûter ce Traité à ces quatre ou cinq Souverains, le Projet est absolument impraticable : mais je soûtiens que s'il n'est pas impossible en faisant la Paix prochaine, ou quelque autre Paix après une autre Guerre, qu'ils songent à prendre les moyens les plus propres pour la faire toûjours durer, & pour la rendre inaltérable, ils pourront sans miracle se résoudre à signer un Traité conforme à ce Projet.

Or appliquez d'abord vôtre raisonnement à ces cinq Puissances, & vous-même vous remarquerez qu'il n'est pas concluant ; car pour conclure qu'ils ne signeront jamais ce Traité, quoique vous conveniez qu'il est le plus avantageux qu'ils puissent jamais signer, il faut soûtenir que ces Souverains se gouverneront toûjours par des passions qui les feront toûjours écarter de leurs plus grands avantages, & que si quelques-uns des cinq ont de la raison ou des intervales de raison, ces intervales arriveront juste, lorsque les autres raisonneront encore comme des insensez : il faut que vous supposiez qu'il est impossible que cette jointure de leurs bons intervales puisse se rencontrer ensemble ; car autrement si chacun de ces cinq Souverains peuvent avoir ou beaucoup de raison ou du moins des intervales de raison, & que ces intervales puissent se rencontrer ensemble seulement pendant un mois, il est impossible qu'alors ils ne signent le Traité.

2°. On voit à quel point d'absurdité nous ménent les discours généraux, quand on ne veut pas les réduire à des raisonnemens particuliers. L'absurdité de ce raisonnement va se faire sentir encore davantage par une considération ; c'est que si ces cinq Puissances sont toûjours gouvernées par des passions qui les empêchent de voir leurs véritables intérêts, il est impossible non-seulement qu'elles signent ce Traité d'Union, mais il est impossible qu'elles en signent jamais aucun ni entre elles, ni avec d'autres Puissances, qui leur soit tant soit peu utile : ils ne signeront donc jamais aucun Traité de Paix. Or peut-on appuyer un moment sur un raisonnement qui conduit à une si haute extravagance ?

3°. Ce raisonnement général, sur le gouvernement des passions, ne conclut pas seulement que ces cinq Souverains sont incapables de faire jamais entr'eux, dans aucune conjoncture aucun Traité qui leur soit réciproquement avantageux ; mais comme il embrasse tous les hommes, il en faut conclure de même que si on proposoit à cinq Particuliers de signer un Traité, qui seroit tel que chacun d'eux n'en pourroit jamais signer de plus avantageux pour lui, ni pour ceux de sa Famille, il seroit impossible qu'ils signassent, & même qu'il seroit ridicule de s'y attendre.

4°. Ce raisonnement conclut non-seulement pour cinq Souverains, mais il conclut avec la même force pour deux ; car il ne s'agit pas ici du nombre, il s'agit que les passions gouvernent tellement les Princes, qu'il leur est impossible dans les Traitez d'aller droit à leurs vrais intérêts : on en conclut la même chose de deux particuliers, car le gouvernement des passions ne tombe pas plus sur les Princes, que sur les particuliers, sur cinq que sur deux.

5º. Ce raisonnement conduit non-seulement à croire qu'il est impossible que ni cinq Princes, ni deux, que ni cinq particuliers, ni deux ne peuvent jamais étant gouvernez par leurs passions, signer aucun Traité conforme à leurs vrais intérêts ; mais s'il est concluant, il conduit encore à croire qu'il ne s'est jamais fait ni entre les Princes, ni entre les autres hommes, aucun Traité conforme aux intérêts de toutes les parties. Car enfin pourquoi le passé seroit-il plus privilégié que l'avenir ? Et sur quel fondement diroit-on que les passions extravagantes gouverneront encore plus les hommes à l'avenir, qu'elles ne les ont gouvernez par le passé ?

On voit par cet exemple qu'il est à propos de se défier des raisonnemens spécieux des Orateurs, jusqu'à ce qu'on ait pû les réduire aux régles exactes des Logiciens.

6º. Si ceux qui font l'objection croyent qu'il n'est pas absolument impossible que ces cinq Souverains ayent un jour assez de raison pour signer un Traité si avantageux pour eux tous, j'en conclurai qu'il n'est donc pas impossible de leur proposer celui-ci, puisque absolument parlant ce jour peut arriver; il peut arriver telle conjoncture, qu'ils viennent à l'approuver, & qu'ils en désirent l'éxécution.

7º. Quelques-uns de ceux qui ont fait l'Objection, ont apperçû qu'elle ne seroit pas sans réplique, tant qu'ils conviendroient que ce Traité étoit si évidemment avantageux pour chacun des Souverains, qu'il faudroit les supposer, ou entiérement aveuglez par quelque passion extraordinaire, ou stupides & hebetez; ainsi ils sont révenus sur leurs pas, & ont cherché à douter des mêmes preuves qu'ils avoient trouvées excellentes, tandis qu'ils ne se trouvoient point intéressez à les trouver foibles, mais comme ils ne m'ont rien apporté qui les puisse affoiblir, elles démeurent telles qu'elles étoient.

8º. J'ai montré ailleurs que les avantages du Traité étoient si grands & si évidens, qu'il n'étoit besoin que du plus bas dégré de prudence, pour appercevoir assez de ces avantages, pour se déterminer à le signer.

9º. J'ai montré encore qu'il n'étoit pas nécessaire d'être exemt de passions pour être porté à le signer : car enfin l'envie de dévenir incomparablement plus riche, ne peut-elle pas devenir une passion ? La crainte de perdre ses Provinces, ses Etats par le sort de la Guerre ne peut-elle pas dévenir une passion ? La considération de la situation dangereuse où est la Maison d'un Souverain dans le Systême de la Guerre, soit à cause des Conquerans, soit à cause des Conspirateurs futurs, ne sçauroit-elle exciter aucune crainte dans son esprit ? Ainsi je ne serai pas dans la nécessité d'opposer la simple raison à l'effort des passions, on peut facilement la fortifier par des passions nouvelles qui peuvent dévenir supérieures ou du moins égales aux anciennes.

10°. Entre ceux qui loüent ce Projet & qui le trouvent très-conforme aux intérêts de tous les Souverains, il y en a un qui m'a dit froidement : *Il n'y a aucun Prince qui ne le dût signer ; ils le signéroient tous, s'ils étoient tous sages: pour moi* (me dit-il) *je le signerois avec une grande joye si j'étois à la place, soit du moins puissant, soit du médiocrement puissant, soit même du plus puissant ; mais je crois que ni les uns ni les autres ne le signeront jamais.* Il est surpris de la bonne opinion que j'ai du bon sens & de la prudence des Souverains ; mais n'est-il pas encore plus surprenant de voir qu'il croit que ces Princes pensent d'une maniére si peu sage en comparaison de lui, & qu'ils penseront toûjours de même, & ceux qui régnent, comme ceux qui régneront ?

11°. Si son raisonnement étoit solide, il s'ensuivroit que l'Union du Corps Germanique n'eût jamais pû se former : car enfin c'étoient des hommes, c'étoient des Princes, c'étoient des Princes sujets à leurs passions comme ceux d'aujourd'hui, qui ne faisoient pas plus de cas de la raison, que ceux d'aujourd'hui, qui n'étoient ni plus sages, ni plus sensez que ceux d'aujourd'hui, qui ne craignoient pas moins l'ennui, qui n'avoient pas moins de jalousie & de ressentiment que ceux d'aujourd'hui, qui désiroient l'agrandissement de leur Territoire, la réputation de grand Capitaine, comme ceux d'aujourd'hui, qui craignoient autant d'avoir des Juges sur leurs têtes, qui espéroient autant les succés de la Guerre que ceux d'aujourd'hui, qui avoient des intérêts aussi opposez entr'eux que ceux d'aujourd'hui ; en un mot qui se gouvernoient autant par leurs passions que les Souverains d'aujourd'hui : cependant ce beau raisonnement que l'on pouvoit faire dans ce tems-là, comme aujourd'hui, empêcha-t-il que tous ces Souverains ne signassent alors un Traité d'Union semblable à celui que je propose aujourd'hui, & qu'ils ne le signassent tel qu'il étoit, quoiqu'il ne fût pas à beaucoup près si avantageux aux Princes Allemans, que celui que je propose le seroit aux Princes Européens.

12°. Si cette objection étoit solide, si cette prédiction étoit bien fondée, il s'ensuivroit que Henry le Grand n'eût jamais consenti à un pareil Projet d'Union : car enfin c'étoit un homme, c'étoit un Prince des plus puissans, sujet à ses passions comme ceux d'aujourd'hui, qui avoit désiré toute sa vie d'agrandir son Territoire aux dépens de ses Ennemis comme ceux d'aujourd'hui, qui étoit aussi éloigné de mettre un Tribunal au dessus de sa tête que ceux d'aujourd'hui, qui espéroit & qui pouvoit espérer avec autant de fondement du succés dans la Guerre que ceux d'aujourd'hui : cependant Henry le Grand consentit à un Traité d'Union semblable, & c'étoit lui, qui, lorsqu'il fut tué, follicitoit les autres Souverains d'y entrer, & qui en avoit déja attiré dix-sept ou dix-huit.

VII. OBJECTION.

Si par la continuation de la Guerre (diront les Ennemis) nous pouvions encore affoiblir la Maison de France, ou nous dispenser de lui promettre la restitution de toutes nos Conquêtes, cela n'augmenteroit-il pas encore la sûreté que nous trouvons dans le Traité d'Union génerale ?

RÉPONSE.

Quand on a *sûreté suffisante*, les augmentations de sûreté sont inutiles : autrement la sûreté ne seroit pas *suffisante*. Or nous avons démontré dans le quatriéme Discours que le Traité d'Union étant signé de tous, la sûreté seroit parfaitement *suffisante*. On sçait d'ailleurs que la continuation de la Guerre produira certainement aux Alliez une très-grande dépense, & que le succés de cette continuation n'est pas certain ; ainsi rien n'est plus sensé pour eux que de se hâter de signer le Traité d'Union pour se délivrer présentement des grands frais des armemens, & pour profiter incessamment du rétablissement du Commerce.

2°. Qui sçait si la France après avoir offert de signer ne déviendra pas supérieure par la continuation de la Guerre, & si alors elle ne demandera pas le remboursement des frais qu'elle aura faits depuis ses offres, surtout si en faisant ses offres elle fait sa protestation.

VIII. OBJECTION.

Quel dédommagement (m'a-t'on dit) quel équivalent donnez-vous aux Anglois, aux Hollandois pour les Places de Flandres qu'ils retiennent entre leurs mains, tant pour sûreté des sommes principales qu'ils ont prêtées dans cette Guerre à la Maison d'Autriche, que pour payement des intérêts ? Comment croyez-vous de même qu'ils se résolvent à rendre Gilbraltar & le Port-Mahon ? Car outre que par l'Union générale la Maison d'Autriche démeurera quitte envers tout le monde, comme tout le monde demeurera quitte envers elle, c'est qu'il ne paroît pas juste que ne gardant rien de la succession d'Espagne, elle fût encore tenuë de ce qu'ils lui auroient prêté pour la conquerir, dans la vûë que cette Conquête deviendroit leur boulevart contre la puissance de la Maison de France. Ils perdroient donc tout ce qu'ils ont dépensé à cette Guerre.

RÉPONSE.

1º. Si le Traité d'Union se signe, & que la Paix devienne inaltérable & universelle, il s'en faudra beaucoup que les Anglois & les Hollandois n'ayent fait une dépense inutile, & qu'ils eussent perdu ce qu'ils ont prêté à l'Archiduc, puisqu'ils ne restitueront rien qu'après que le Traité aura été signé par tous les Souverains d'Europe, c'est-à-dire, après qu'ils auront *sûreté suffisante* d'une Paix inaltérable & d'un *Commerce perpétuel*. Alors jamais dépense n'aura été mieux employée que l'aura été la leur ; jamais prêt n'a produit un si gros intérêt que celui qu'ils tireront de leur prêt, puisqu'il leur aura produit l'exemption pour toûjours des frais de la Guerre, la conservation de leur Gouvernement, & la perpétuité de leur Commerce. Ainsi loin d'avoir perdu quelque chose par leurs prêts, par leurs dépenses, ces dépenses, ces prêts en leur apportant une Paix inaltérable, leur auront apporté un gain immense : ils auront donc un équivalent, un dédommagement incomparablement plus grand que la valeur de ce qu'ils auront dépensé, de ce qu'ils auront prêté, & de ce qu'ils restitueront après l'Union formée.

2º. Si en dix ans de Paix les Anglois & Hollandois se dédommagent entiérement non-seulement de ce qu'ils ont prêté à l'Empereur, mais encore de ce qu'ils auront dépensé à cette Guerre, à quoi montera leur profit en cent ans de Paix ?

3º. Si avant le commencement de cette Guerre, le Roi Philippe étant paisible possesseur du Royaume d'Espagne, la Maison de France eût proposé aux Anglois & aux Hollandois un Projet semblable à celui-ci, si elle leur eût offert de mettre elle-même des bornes immuables à son agrandissement de Territoire, & de leur donner d'aussi grandes sûretez & d'aussi bons garans pour la liberté & la continuation du Commerce, est-il vraisemblable, est-il apparent que des Nations aussi sages & aussi sensées eussent daigné s'arrêter aux foibles garanties, aux incertaines sûretez que leur eût proposées la Maison d'Autriche ? Est-il apparent qu'ils eussent voulu s'y embarquer ? Cela est hors d'apparence. Il est sans doute au contraire qu'ils eussent accepté à bras ouverts les offres de la Maison de France, & après tout ils n'avoient nul intérêt dans cette affaire, dès que la Maison de France eût proposé de former une Union générale de tous les Souverains pour être garante toute-puissante & perpétuelle de la Paix & du Commerce.

Chacun des Princes de l'Europe, & surtout les Princes d'Italie & plusieurs Potentats d'Allemagne eussent

eussent conjointement avec les Anglois & les Hollandois contribué de toutes leurs forces à mettre promtement ce Projet en éxécution ; le feu de la Guerre n'auroit point embrazé depuis plus de dix ans toute l'Europe : c'est un grand malheur ; mais c'est un malheur passé, & que peuvent-ils tous ensemble faire de mieux pour faire cesser les malheurs présens, & pour éviter les malheurs à venir, que d'accepter présentement ce qu'ils eussent accepté alors. Peuvent-ils trop tôt se mettre en état de recüeillir les fruits précieux d'une Paix inaltérable ? N'est-ce pas une folie de se rendre malheureux par le souvenir des maux passez, lorsqu'il n'est question que de se réjoüir, & de la possession des biens presens & de la vûë des biens futurs.

4°. Venons à la supputation, je suppose que les Anglois ayent à reprendre sur la Maison d'Autriche soixante millions à cinq pour cent, & que pour payement des intérêts, & pour sûreté de leur capital ils soient convenus de rétenir pour egagement Oſtende, Anvers, le Port-Mahon, & leurs Territoires, avec Gibraltar : je ſuppoſe que les Hollandois ayent prêté pareille ſomme à la Maiſon d'Autriche, & qu'ils ſoient convenus de rétenir pour payement des intérêts, & pour ſureté du capital ce qu'ils ont conquis de la Flandres : quand on ſuppoſéroit méme, ce qui n'arrivera jamais, que l'Archiduc dévienne Maître de Cadix, de toute l'Eſpagne, & de tout le Commerce d'Amérique : quand on ſuppoſéroit encore qu'il leur eût promis *ſureté ſuffiſante* qu'ils feront le Commerce d'Amérique pendant cent ans, comme du tems du feu Roi d'Eſpagne : voilà tout ce qu'ils ont jamais pû eſpérer du ſuccés de la Guerre où ils ſont entrez : qu'ils comparent préſentement ces avantages avec ceux qu'ils tireront de l'Union générale : car enfin 1°. Quelle eſt leur ſureté que la Guerre ne recommencera pas avant quinze ans, ou entr'eux, ou avec la Maiſon de France ? Ainſi cette crainte les obligera à ſe tenir ſur leurs gardes, & par conſéquent à une dépense beaucoup plus grande que le revenu qu'ils peuvent tirer de leurs Places de sûreté, Garnisons payées. 2°. L'Archiduc pour retirer de leurs mains les Places qu'ils tiennent par engagement ne peut-il pas les menacer de les exclure du Commerce d'Amérique, & d'y admettre uniquement les François? 3°. L'Archiduc ne peut-il pas mourir avant vingt ans, & sans enfans? Les Anglois & les Hollandois ne se trouveront-ils pas encore alors avoir bâti sur le sable? Car quelles Guerres ne naîtront point de cette succession, & quel dommage ne leur coûtera pas alors l'interruption de leur Commerce? Un Souverain plus puissant a beau *promettre* de donner à ses Alliez *sûreté suffisante* d'exécuter certains Articles d'un Traité, il lui est impossible de la donner, tant qu'il démeurera le plus puissant, & qu'il n'y aura nulle Société permanente plus puissante que lui, qui soit garante de cette éxécution, & fortement intéressée à faire valoir cette garantie.

Cependant il ne s'agit que de

trois millions de rente pour chacune de ces Nations, & combien les Guerres futures leur coûteront-elles davantage à eux qui seulement depuis douze ans y ont dépensé plus de cinquante millions par an, sans compter le dommage de leur Commerce interrompu, qui monte à une aussi grosse somme ? Or qu'ils voyent si l'Union générale ne leur donne pas une sûreté infiniment plus grande de la conservation de leurs Etats, soit contre les Guerres civiles, soit contre les Guerres étrangéres, si elle ne leur donne pas une sûreté infiniment plus grande, non-seulement pour le Commerce d'Amérique, mais encore pour le Commerce de toutes les Parties du Monde ; enfin si elle ne leur fait pas épargner des sommes immenses.

5°. La Guerre est un jeu où il entre beaucoup de hazards, & tel Souverain qui a beau jeu une Campagne, peut l'avoir très-mauvais trois ou quatre Campagnes après. Les exemples ne nous manquent pas : mais quand on pourroit espérer dix ans de succés, poussez vos vûës plus loin en faveur des Nations qu'on peut régarder comme immortelles. Y a-t-il quelque sûreté sur les événemens qui leur arriveront dans trois ou quatre cens ans, tant que les Souverainetez & les Nations seront le joüet de la fortune des armes ? Ainsi lorsqu'ils se présente une occasion de fixer par l'Union générale le sort des Etats toûjours flottans, seroit-il sage de préférer une rente incertaine de trois millions à une rente de plus de cent millions qui sera produite par tous les avantages d'une tranquillité inaltérable, & d'un Commerce continuel, libre, sûr, universel?

6°. La Paix perpétuelle est un trésor inépuisable que les Princes unis tiennent toûjours ouvert, & où les autres Souverains leurs créanciers, en puisant tous les ans des richesses immenses, se récompenseront de toutes leurs pertes, de toutes leurs dépenses passées, & se payeront largement par leurs mains de tous leurs prêts, de toutes leurs demandes légitimes, & même de leurs prétentions les moins fondées.

7°. Pourquoi les Anglois & les Hollandois ont-ils entrepris la Guerre, uniquement pour avoir *sûreté suffisante* ? Or c'étoit à eux à trouver ces moyens de sûreté, sans ôter rien à personne. Enfin voilà ces moyens trouvez par une Providence particuliére : on les leur offre ; n'est-ce pas présentement à eux à restituer au légitime possesseur ? N'avons-nous pas le droit de nôtre côté ? Nous ont-ils offert cette Union Européenne ? L'avons-nous refusée ? Pourquoi donc payerions-nous, en leur laissant nos Places, les frais d'une Guerre qu'ils nous ont faite injustement ?

IX. OBJECTION.

Il est vrai que les Souverains n'ont que deux sortes de pouvoir, ou sur leurs Sujets, ou sur leurs Voisins. Il est vrai encore qu'à l'égard de leurs Sujets ils conservent par le Traité mêmes droits & même pouvoir, & que ce pouvoir seroit même infiniment augmenté, parce qu'ils n'auroient plus jamais, ni révoltes, ni conspirations à craindre : mais ils ne se résoudront jamais à céder à se dépoüiller du droit qu'ils ont, ou qu'ils croyent avoir sur quelques portions des autres Souverainetez voisines, du droit & du pouvoir de prendre les armes contre leurs Voisins, quand il leur plaira, & sans en rendre compte qu'à Dieu seul : leurs idées de Conquêtes, d'agrandissement de Territoire, de Monarchie universelle ont beau être mal fondées & sujettes à de très-grands inconvéniens pour eux & pour leurs Maisons, ils ne consentiront jamais à se borner de ce côté-là, & par conséquent à donner à leurs Voisins les sûretez qui peuvent procurer le Traité d'Union générale. Les Souverains nourris, élévez au milieu des Flateurs ne sçauroient penser comme les Particuliers, ni donner aux choses à venir leur véritable valeur, ils ne sont jamais prudens au point de n'espérer pas trop, & de craindre assez.

RÉPONSE:

1°. Cette Objection est dans le fond la même que la sixiéme. Ceux qui la font, embrassent sans distinction les Princes les plus puissans & les moins puissans, comme si les moins puissans n'avoient pas plus à craindre la perte ou la diminution de leurs Etats, que les plus puissans, & qu'ils eussent également à espérer de grandes Conquêtes. Ils confondent avec les uns & les autres les Républiques les plus sages, & qui n'ont en vûë que de se conserver, & de maintenir leur Commerce libre, universel & sans interruption. Ils ne songent pas que parmi les plus puissans il peut y en avoir de vieux & qui sont sages, ou dès leur jeunesse, ou par le secours de l'expérience, qui pensent fort différemment de ceux qui sont jeunes, audacieux & téméraires.

Jusqu'ici personne de ceux mêmes qui croyent ce Projet impraticable n'a dit que la Hollande, l'Angleterre, le Portugal, la Curlande, Venise,

Venise, Gênes, Genéve, les Grisons, les Suisses, la Pologne, la plûpart des Princes d'Italie & des Princes d'Allemagne seroient assez insensez pour préférer les avantages foibles & incertains d'une Guerre perpétuelle aux avantages immenses & certains d'une Paix inaltérable, d'une Paix qui ne peut cependant devenir inaltérable qu'en se donnant réciproquement toutes les *suretez suffisantes* proposées dans le Projet. Personne jusqu'ici ne m'a dit chose pareille: il ne falloit donc pas comprendre sous le nom générique des Souverains, des Princes & des Etats qui certainement dans l'affaire de leur Régne la plus importante pour eux ne prendront pas un parti très-extravagant: il ne falloit pas non plus entre cinq ou six autres Souverains qui restent, confondre ceux qui sont certainement sages avec ceux qui peuvent ne l'être point encore sur cet article.

2°. Si ceux qui font l'Objection soûtenoient que le Traité proposé est si désavantageux aux Souverains les plus puissans, qu'ils ne peuvent jamais le signer que dans un intervale de folie, & que par conséquent ils ne le signeront jamais. Leur conséquence seroit bonne, leur prédiction seroit bien fondée; mais ce n'est pas cela : ils conviennent que le Traité est si avantageux, que si les Princes en ont connoissance, s'ils ont un peu de prudence & de raison, ils le signeront, & cépendant on vient nous soûtenir qu'aucun de ces Princes ne le signera : il faut donc qu'on soûtienne encore que nul d'entre eux n'aura jamais ce médiocre dégré de prudence & de raison. Or n'est-ce pas là une haute extravagance ? Et cépendant si ceux qui font l'Objection ne soûtiennent cette extravagance, leur raisonnement est lui-même extravagant.

3°. Si vous ne convenez plus des grands avantages que les plus puissans Souverains trouveroient à signer le Traité, répondez aux quinze Articles du troisième Discours : jusques-là l'Objection n'a nulle force.

4o. Point de Paix inaltérable sans ces *suretez suffisantes*, sans ces conditions réciproques ; cépendant ou Guerre perpétuelle, malheurs terribles & perpétuels pour les Souverains & pour leurs Sujets de tous les siécles, ou Paix inaltérable, richesses immenses & biens infinis. Voilà les deux uniques partis : il n'y a point de milieu ; il faut opter.

5°. Pour donner quelque force au raisonnement, il faut soûtenir que les deux cens Souverains qui ont formé l'Union Germanique pensoient autrefois fort différemment des vingt quatre Souverains d'Europe d'aujourd'hui ; mais qu'on nous apporte des preuves de cette extrême différence.

X. OBJECTION.

Il y aura toûjours dans les Souverains, comme dans les autres hommes, des principes de division, & vous prétendez les unir & les tenir unis.

RÉPONSE.

1º. Il est vrai qu'il y a dans les hommes des principes de division, mais il y a dans les mêmes hommes des principes d'union ; c'est qu'ils ont besoin les uns des autres pour contenter les fantaisies & le désirs qui font la baze de leurs intérêts, & s'ils ont intérêt d'être quelquefois divisez, ils ont aussi souvent intérêt d'être unis : il est donc question de sçavoir si pour terminer leurs démêlez il leur convient davantage de prendre la voye *de la force, de la ruse, de la violence, de la division, ou la voye de la conciliation, de l'Arbitrage, de l'Union.*

Je conviens qu'il naîtra toûjours des sujets de division, mais je soûtiens qu'après la signature du Traité ils seront rares & de peu d'importance ; & j'ai montré que pour les terminer, la voye *de la conciliation & de l'Arbitrage* est infiniment préférable à la voye *de la force & de la violence.* Heureusement pour les Particuliers la violence leur est défenduë par leurs Souverains, & les Souverains pour leur propre bonheur, & pour celui de leurs Sujets ne peuvent-ils pas de concert se défendre à eux-mêmes cette pernicieuse voye ?

Il est donc aisé de comprendre que les Souverains d'Europe pourront être divisez par des intérêts opposez, & cependant former l'Union, & la maintenir, pour les terminer *par une voye moins cruelle, moins injuste, moins hazardeuse, & toûjours moins ruineuse que la voye de la Guerre.*

20. N'y a-t-il aucuns sujets de division entre les Cantons Suisses, entre les sept Provinces, entre les Souverains Allemans ? Ceux qui sont dans ce Païs-là sçavent bien le contraire ; leurs différens ne se terminent-ils pas, & sont-ils obligez de récourir *à la force & à la violence ?* Nous sçavons tous le contraire, & que tous ces différens se terminent *sans Guerre* ; pourquoi ce qui se pratique déja si utilement entre tant de Souverains d'Europe, ne pourroit-il pas se pratiquer encore entre les autres ?

G iij

Je sçai bien que les Souverains auront toûjours des désirs vifs ou des passions qui leur conseilleront la voye de la violence & de la Guerre : mais l'Union une fois formée, ces désirs vifs ne seront-ils pas contrebalancez par des craintes encore plus vives, en un mot par d'autres passions encore plus fortes ; & alors les craintes sages & salutaires ne les préserveront - elles pas facilement des espérances folles & ruineuses ?

XI. OBJECTION.

Un Souverain peut-il jamais consentir à entrer dans une Société, qui, s'il vouloit s'en séparer, peut le priver de ses Etats ?

RÉPONSE.

1º. S'il entre dans cette Société, c'est qu'il la regarde comme très-avantageuse : or en ce cas ne souhaite-t-il pas de la rendre perpétuelle ? Et peut-elle être perpétuelle, si chacun de ceux qui la composent ne se donne toutes les sûretez possibles de ne la jamais troubler? Entre ces suretez y en a-t-il de plus grande & de plus nécessaire, d'un côté, que la crainte d'être dépossedé, si on cesse de vouloir la Paix & l'Union, & de l'autre, que l'assûrance d'être maintenu tant qu'on voudra l'entrétenir.

2º. Les Princes Allemans par le Ban de l'Empire ne nous ont-ils pas fait déja sentir que cette crainte d'être dépossedé, si l'on rompoit l'Union, est une des principales suretez pour la rendre indissoluble? & ne nous ont-ils pas fait sentir en s'unissant qu'ils ont vû qu'à tout prendre l'Union & la Paix valent incomparablement mieux que la Division & la Guerre, & que la punition du Ban n'étoit à rédouter que pour ceux qui séroient assez méchans & assez insensez pour préférer la Guerre à la Paix?

XII. OBJECTION.

Quelle justice à l'Union de soûtenir la révolte des Provinces d'un Souverain, & de punir deux cens de ses Officiers principaux qui n'ont d'autre crime que de lui être obéïssans & fidéles.

RÉPONSE.

1°. Le Souverain en entrant dans l'Union veut donner des *suretez suffisantes & réciproques* pour la rendre indissoluble : pour cet effet il consent, comme les autres, que si lui ou ses Successeurs cessoient de vouloir entretenir la Paix, & étoient déclarez ennemis de l'Union, ses Sujets cessent d'être ses Sujets : or alors ses Provinces, ni ses Sujets ne lui doivent plus d'obéïssance, ni de fidélité. Ainsi l'Union en soûtenant des Provinces qui se séparent de leur Prince, ne favorise point la désobéïssance, puisqu'elles cessent de devoir l'obéïssance à celui qui cesse de vouloir les conserver en Paix, & qui a consenti à la peine du Ban & du dépoüillement, en cas qu'il cessât de vouloir entretenir l'Union & la Paix.

2°. De même l'Union en punissant les deux cens principaux Officiers de son ennemi déclaré, ne punit point ses Sujets, puisque depuis cette déclaration ils ont cessé de l'être; elle punit des Perturbateurs volontaires du répos public. Tout cela à l'égard du Souverain n'ajoûte rien à la peine du *Ban* : du reste ce Ban que je propose n'est point une sûreté nouvellement inventée; mais quand on proposéroit une sûreté nouvelle, ceux qui désirent sincérement la perpétuité de la Paix non-seulement ne s'y opposeront point, mais ils se la démanderont réciproquement comme chose très désirable pour tout le monde. Qui veut sincérement & fortement la fin, veut sincérement & fortement tous les moyens. Entre ces moyens nous avons la crainte du Ban, la punition des Officiers principaux, la vigilance des Résidens dans les Provinces, les sermens annuels des Souverains. Or d'un côté peut-on dire que ces moyens, que ces sûretez soient inutiles, qu'ils ne soient pas même nécessaires à la durée de la Paix ? Et de l'autre peut-on dire qu'ils ôtent quelque chose aux Souverains qui voudront la faire durer ?

3º. Si l'on dit que les Résidens seront regardez comme d'honnêtes Espions, j'en conviens : ils le seront même en effet ; mais les Ambassadeurs & les Envoyez d'aujourd'hui sont-ils bien différens ? Ce seront des Espions, ou plûtôt des Vedettes, des Sentinelles utiles au bien commun qui est la continuation de la Paix.

XIII. OBJECTION.

Il n'y a aucun Souverain qui veüille dépendre de personne pour ses prétentions : nul ne veut d'Arbitres quand il est *certain* d'avoir par la force ce qu'il désire : il ne veut ni Loix, ni Conventions qui bornent son pouvoir : donc aucun Souverain ne consentira à l'Union.

RÉPONSE.

1º. Si on pouvoit supposer un Souverain assez puissant en Europe pour dominer avec tant d'autorité sur tous ses Voisins, qu'il n'eût besoin que de désirer pour obtenir, si tous ensemble étans unis n'étoient pas à beaucoup près assez forts pour résister à ses volontez, il est constant que ce Souverain ne voudroit jamais sur ses différens s'en rapporter à d'autres Arbitres qu'à la force ; mais l'Europe n'est pas dans ce cas-là. Ainsi tout Souverain peut compter que ses Voisins n'aiment pas moins que lui à dominer, qu'ils voudroient dominer sur lui comme il voudroit dominer sur eux, que s'ils étoient certains d'avoir toûjours la force de leur côté, ils réfuséroient toûjours la voye de l'Arbitrage, pour terminer leurs différens. Mais qui est celui qui est certain d'avoir toûjours la force de son côté ? Qui est celui qui n'a rien à craindre, ni de ses Voisins, ni de ses Sujets ? Ainsi il en faut toûjours revenir à montrer que les quinze Avantages proposez dans le troisiéme Discours n'ont rien de solide pour un Prince puissant, en comparaison de ce qu'il céde & de ce dont il se dépoüille, en signant le

Traité : jusques-là l'Objection elle-même n'a rien de solide.

2º. Les Souverains d'Allemagne qui ont formé le Corps Germanique, & dépuis eux Henry IV. ce puissant Roi qui a le prémier proposé de former le Corps Européen, étoient-ils d'un caractére différent des Souverains d'aujourd'hui ? N'aimoient-ils pas à dominer ? Ne sentoient-ils pas une sorte de contrainte de se soûmettre au Jugement des Arbitres & de donner à ces Arbitres le pouvoir de les punir par le Ban, s'ils réfusoient d'éxécuter leurs Jugemens ? Cependant les uns ont formé l'Union, l'autre vouloit en former une semblable & plus durable ; c'est qu'ils étoient assez sages pour estimer les avantages certains de la Paix que donne l'Arbitrage perpétuel, beaucoup au dessus des chimériques espérances de la Guerre ; & pourquoi veut-on croire que les vingt-quatre Souverains régnans seront moins sages aujourd'hui que ne furent autrefois les deux cens Souverains d'Allemagne, & que les Souverains qui vivoient, il y a cent ans, en Europe?

XIV. OBJECTION.

Comme les Députez ne donneront leur avis fur le Jugment d'un différent entre deux Souverains, qu'après qu'ils auront reçû leurs inftructions de leurs Maîtres, le Procez fera long-tems indécis.

RÉPONSE.

1º. Nous avons montré que dés que les Souverains auront pris la fage précaution de confentir que leurs Etats ne pourront jamais en aucune façon, ni augmenter, ni diminuer de Territoire, & que les Loix du Commerce féront égales & réciproques, ces Procez feront de trés-peu d'importance ; ainfi la longueur de l'indécifion ne fçauroit jamais être fort préjudiciable.

2º. Les Parties en auront plus de loifir pour faire des réfléxions fur les propofitions d'accommodement faites par les Commiffaires-Conciliateurs, & ces Conciliateurs eux-mêmes en auront plus de loisir pour chercher encore quelques nouveaux expédiens pour faciliter la conciliation des Parties, & pour éviter à l'une d'entr'elles la honte d'un Jugement défavorable.

XV. OBJECTION.

Dans le Sénat sur le Jugement des Procez il y aura des cabales, des partis comme dans les autres Tribunaux.

RÉPONSE.

1º. Chaque Député ne sera que l'organe de son Souverain : il ne serviroit de rien de solliciter l'organe ; ainsi il y aura encore moins de cabales & de partis que dans les autres Tribunaux.

2º. Dans la Chambre Impériale de Spire ces cabales, ces partis n'empêchoient pas qu'on ne jugeât selon l'équité. c'est que le plus grand nombre est très-intéressé à suivre l'équité dans les Jugemens, quand les Juges fçavent que leurs Jugemens des Procez préfens doivent fervir de régles pour juger leurs Procez futurs.

3º. Les Procez y font terminez & terminez *fans Guerre*, & c'eft ce qu'il y a de plus important.

XVI. OBJECTION.

Le défir de s'agrandir eft fi naturel, que ni le Marchand, ni le Gentilhomme, ni le Souverain ne pourront jamais y rénoncer.

RÉPONSE.

1º. Le Souverain ne rénonce à aucun des agrandiffemens qui conviennent au Marchand, au Gentilhomme : il peut comme eux amaffer par fon induftrie, épargner fur fon révenu, & de fes profits & de fes épargnes en acquitter fes dettes, en acheter des Domaines, en établir des Manufactures, en bâtir des Maifons de plaifance, &c.

2º. Le feul agrandiffement que fe défend le Souverain, c'eft de s'agrandir injuſtement par les voyes de la force & de la violence, les armes à la main, aux dépens d'un Voiſin : or le Marchand, le Gentilhomme n'ont jamais eu cette eſpéce d'agrandiſſement en vûë : il n'y a que les Corſaires, les Voleurs, les Bandits chez les Particuliers, ou les Uſurpateurs chez les Souverains, qui puiſſent concevoir un deſſein auſſi injuſte, & auſſi inſenſé.

3°. Si le Marchand, ſi le Gentilhomme peut dans un Etat Etranger acheter & poſſéder une Terre, un Domaine, & en diſpoſer, y acquerir des rentes, il n'y a rien qui empêche le Souverain de faire comme eux pareilles acquiſitions, en laiſſant à cet Etat tout droit de Juriſdiction ſur ces acquiſitions.

On voit donc que le Souverain ne renonce à aucune ſorte d'agrandiſſement qui convienne à l'homme en Société, & que s'il renonce au ſeul agrandiſſement de Territoire, c'eſt pour acquérir tous les avantages de la Société, de la Paix, & d'un Commerce durable avec

ſes

ses voisins. Or nous avons vû qu'il y avoit infiniment plus à gagner pour lui dans la Société, dans l'Union, dans la Paix, dans le Systême de l'Equité, que dans le Systême de la Violence & de la Guerre. Le Souverain ne perd donc rien, & gagne autant à entrer en Paix & en Société avec les autres Souverains ses Voisins, que les Caciques, ou Chefs des Bourgs Sauvages, qui sont des Souverains *en petit*, gagneroient s'ils pouvoient former entre eux une Société durable ; le Commerce y améneroit les Arts que la Guerre en éloigne, & les Arts y améneroient, comme dans les grands Etats, la sûreté, les richesses, & l'abondance.

Puisque nous en sommes venus à l'idée des Caciques, ou petits Souverains des Sauvages d'Amérique, faites réfléxion sur leur sorte d'indépendance ; il est certain que de droit ils ne dépendent ni des Caciques leurs voisins, ni des Souverains éloignez, ni de leurs propres Sujets; il ne dépendent que de Dieu, ils ne sont obligez à suivre aucunes Loix, aucuns Jugemens; mais réellement ils dépendent de tous ceux qui peuvent les déposséder, ils dépendent réellement de tous ceux qu'ils ont à craindre, soit Voisins, soit Sujets, soit Souverains éloignez. Or s'ils pouvoient convénir entre eux de l'étenduë de leur Territoire, de se garantir mutuellement de tous ceux qu'ils ont à craindre, s'ils pouvoient convénir que leurs différens se décidéroient *sans Armes, par des Arbitres;* enfin s'ils pouvoient se donner des *suretez suffisantes* de leur garantie mutuelle, n'est-il pas visible qu'ils acquéreroient par les Loix de leur Société, de leur Convention, une grande *indépendance réelle*, qu'ils n'ont point, & qui est la seule chose désirable, à la place d'une sorte *d'indépendance chimérique*, qui est véritablement de droit, mais qui leur est réellement très-inutile, soit pour leur propre conservation, soit pour l'accroissement de leurs richesses, & de leur autorité sur leurs Sujets?

Or faute de cette Convention,

de cette Société entre eux, faute de s'entendre, & de connoître le seul rémede spécifique à leurs maux, ils sont toûjours dans la division, toûjours en défiance, toûjours en Guerres, ou en Tréves mal assûrées, toûjours dans le péril & dans le besoin des choses mêmes nécessaires à la vie. Nos Guerres Civiles nous réduisent à la condition des Caciques, & les malheurs des Guerres Etrangéres se font sentir à nos Souverains dans la même proportion que les sentent les Caciques les plus puissans. Que suit-il de cette digression ? Une vûë déja tant prouvée d'ailleurs que nos Souverains d'Europe pour être incomparablement plus heureux, peuvent faire eux-mêmes entre eux *cette Société* qu'ils conseilleroient aux Caciques pour les rendre incomparablement moins malheureux.

4°. Les Souverains Allemans, quand ils convinrent de démeurer tous dans les bornes de leur Territoire, n'avoient-ils nul désir d'agrandissement par la voye des armes ? Cependant voyant l'incertitude &

les dépenses que demande cette voye d'agrandir leur révenu, & que cette chimére les privoit d'agrandissemens plus grands, plus certains, plus réels, ils ne firent aucune difficulté d'y rénoncer. Ainsi les Princes Allemans par tout ce qu'il y a de bon dans leur Union montrent au reste de l'Europe les moyens de diminuer de beaucoup le nombre des Guerres, & par tout ce qu'il y a de défectueux ils montrent les moyens de n'en avoir point du tout, & d'arriver enfin à cette Paix inaltérable où le Corps Germanique lui-même n'a jamais pû atteindre.

5°. Puisque le désir d'agrandir son Territoire par la voye de la force, ou pour parler plus honorablement, par la voye des Conquêtes, est un désir vif & naturel dans les Princes, & surtout dans les Princes les plus puissans, il n'y a pas de doute que Henry IV. le plus puissant Roi d'Europe n'eût, comme les autres, nourri un pareil désir ; d'où vient donc qu'après la Paix de Vervins il abandonna le désir de tout agrandiffement de cette efpéce ? D'où vient qu'il propofa lui-même de mettre des bornes immuables à fon Territoire ? D'où vient qu'il offrit lui-même par l'Union générale de l'Europe de donner à fes Voifins les moins puiffans *fureté fuffifante* que ni lui, ni aucun de fes Succeffeurs ne leur enléveroit jamais un arpent de leur Territoire ? D'où vient ce grand changement qui parut en lui douze ans durant jufqu'à fa mort ? C'eft que heureufement pour la France & pour l'Europe il lui vint deux penfées en même tems, dont la combinaifon forma dans fon efprit ce nouveau Syftême de Police générale de l'Europe que je remets devant les yeux de tout le monde. La premiére roula fur la confidération des grands avantages que produiroit à tous les Souverains une Paix perpétuelle. La féconde, fut la confidération de la fûreté réciproque que produiroit l'Union générale des Souverains d'Europe toûjours répréfentez dans une Ville libre par le Congrez perpétuel de leurs Députez, pour terminer les différens à venir, ou par la conciliation des Commissaires-Médiateurs, ou par le Jugement Arbitral des Princes de l'Union, en un mot sûreté entiére d'une Paix perpétuelle. Ce nouveau Systême de Paix inaltérable lui parut donc incomparablement plus désirable que de nouvelles Conquêtes incertaines & toûjours d'une prodigieuse dépense ; enfin il vit tous ces avantages que l'on vient de voir dans le troisiéme Discours, & voilà la véritable cause de ce grand changement qui se fit en lui. Or pourquoi les mêmes causes, c'est-à-dire, les mêmes considérations n'opéreroient-elles pas dans de semblables Souverains de semblables effets ?

XVII. OBJECTION.

Les Guerres sont une suite nécessaire du Péché Originel qui a corrompu la raison des hommes, & qui leur donne des inclinations tout-à-fait déraisonnables ; c'est de cette source corrompuë qu'ils rapportent tout uniquement à leur propre satisfaction & à leur propre intérêt. Or prétendre rendre les hommes raisonnables, c'est un miracle de la Grace seule, & non pas un ouvrage de la Nature : prétendre que les Princes soient plus raisonnables que les autres hommes, c'est prétendre encore un autre miracle.

RÉPONSE.

Voici encore de ces Discours généraux de gens qui ne se sont pas donné la peine de réfléchir sur la nature des motifs & des ressorts que j'employe pour faire concourir tous les Souverains les uns après les autres à former l'Union générale.

1°. Il n'est pas vrai qu'on ne puisse pas éviter la division, quoique cette division soit une suite nécessaire du Péché Originel. On voit des Unions, des Alliances entre Princes Chrétiens & Princes Payens, entre Provinces, entre Cantons, entre Princes Catholiques &

Princes Protestans, & cela malgré le Péché Originel; c'est qu'il y a des passions & des intérêts qui portent à l'Union & à la Paix, comme il y en a qui portent à la Division & à la Guerre, & en fait des passions & d'intérêts, les plus forts décident de nôtre conduite, ils font pancher la balance, & ainsi le Péché Originel qui est la source de toutes nos passions, portera les Souverains à opter le Systême de l'Union, s'il est plus conforme que le Systême de la division à cet intérêt qui est la source de leurs passions.

20. Ai-je employé d'autre réssorts que les réssorts de la Nature tels qu'ils sont aujourd'hui? L'homme tel qu'il est veut sa conservation, il veut conserver ses Loix, ses Coûtumes, ses opinions, ses mœurs; il cherche à augmenter sa Réligion, ses biens, ses plaisirs, sa tranquillité, sa gloire, son répos, ses commoditez & les agrémens que peut lui causer la Société. Voilà les principales sources des passions humaines; voilà surquoi sont fondées toutes les Sociétez petites & grandes,

des, celles des Bourgs des Sauvages, comme celles des Allemans & des autres Nations policées ; voilà aussi surquoi je fonde une Union semblable qui n'aura d'autre différence que d'être encore plus étenduë que celle des Provinces-Unies, que celle des Etats d'Allemagne : sont-ce là des motifs trop sublimes, des ressorts surnaturels, & faut-il pour les faire mouvoir un miracle de la Grace ?

30. Ai-je employé dans mes motifs, ou la modération de Socrate, ou l'austérité des maximes des Stoïciens ? Ai-je même compté que les Souverains Chrétiens ne consultassent que les Maximes de l'Evangile ? Si j'en avois usé ainsi, on auroit raison de dire qu'un Systême bâti sur de pareils motifs ne sçauroit réüssir sans un miracle de la Grace : on auroit raison de le regarder à peu près comme impossible dans l'éxécution.

4º. Ai-je supposé autre chose, sinon que les Princes songent à leurs intérêts, qu'ils y sont assez éclairez, quoiqu'ils s'y trompent quelquefois ? Or cela même n'eſt-ce pas bâtir ſur la Nature telle qu'elle eſt, ſur les hommes tels qu'ils ſont, plûtôt que ſur des hommes tels qu'ils dévroient être ? Que l'on ſe reſſouvienne de tout ce que j'ai mis devant les yeux des Souverains, ſoit choſes facheuſes à craindre dans le Syſtême de la Diviſion & de la Guerre, ſoit choſes agréables à eſpérer dans le Syſtême de l'Union & de la Paix perpétuelle, & l'on verra s'ils ont beſoin du miracle de la Grace pour y être ſenſibles.

5º. Soûtenir que parce qu'il y a toûjours eu des Guerres en Europe, il eſt impoſſible qu'il n'y en ait juſqu'à la fin des ſiécles, c'eſt prophétiſer, ce n'eſt pas raiſonner : il faudroit montrer que l'Union générale, ou ne ſeroit pas un rémede ſuffiſant, ou ſeroit elle même impoſſible : il faudroit montrer, ou qu'il eſt impoſſible que ces Souverains cherchent jamais leur intérêt, ou qu'il eſt impoſſible que la plûpart le croyent trouver dans cette Union : mais c'eſt ce que je demande à voir que ces impoſſibilitez bien détaillées, & c'est ce qu'on ne me montre point.

6°. Il est certain que les sages & les saints désireront le succés de ce nouveau Systême du monde politique, parce qu'il est conforme à la vertu, à la raison & aux intérêts de la justice, de la vérité & de la charité : il n'est pas moins vrai-semblable que les esprits corrompus le désireront, parce que nul autre Systême n'est plus conforme aux intérêts, soit de la volupté, soit de la vanité ; c'est que, soit pour le parfait Chrêtien, soit pour le Mondain, la Division, la Guerre seront toûjours la source inépuisable de tous les plus grands maux, comme l'Union & la Paix seront toûjours le plus solide fondement de tous les plus grands biens.

7°. Le Péché Originel devoit causer des Guerres entre les Princes Allemans : il en a causé : mais ce Péché a-t-il empêché l'Union Germanique qui a fort diminué ces Guerres en Allemagne, & qui les en auroit entiérement chassez, si le Legislateur n'y avoit point lais-

I ij

sé des défauts essentiels ? Au contraire on peut dire que comme l'envie d'être mieux, la crainte d'être pis sont des passions naturelles venuës de la premiére origine de l'homme, c'est le Péché lui-même qui a contribué à former l'Union Germanique, & ce seront les passions ordinaires, la concupiscence & les autres suites du Péché Originel qui contribueront le plus à former l'Union Européenne : & qui ne sçait que l'on peut tirer du Scorpion des rémedes contre les maux que cause le venin du Scorpion même ?

XVIII. OBJECTION.

La Guerre est un fleau de Dieu destiné pour punir dès cette vie les Péchez des Méchans, & pour exercer la patience des Justes : donc la Guerre est un mal nécessaire qu'il est impossible d'éviter.

REPONSE.

1°. C'est un fleau de Dieu, lorsque Dieu s'en sert ; mais Dieu n'a-t-il point d'autres moyens dans sa toute puissance, soit pour punir dans cette vie ou dans l'autre les Pécheurs, soit pour exercer la patience des Justes ? Cet argument ne conclut donc rien.

2°. Qui sçait si Dieu ne veut pas par le moyen de la Paix de l'Europe amener les hommes, non-seulement à une plus grande connoissance de la vérité, mais encore à une pratique plus exacte de la charité ? Alors il n'aura pas besoin de les punir si sévérement ; ainsi il n'aura plus besoin du fleau de la Guerre.

3°. Si quelqu'un proposoit les moyens d'éviter les grands ravages de la peste & de la famine, diroit-on que non-seulement ce seroit perdre son tems, mais que ce seroit même aller contre les desseins de Dieu qui veut absolument se servir de ces fleaux ? Car enfin qui sçait les desseins de la Providence ? Avec un pareil raisonnement on pourroit conclure qu'il ne faudroit pas même tenter par l'habileté des Médecins

& par la prudence des Magistrats de diminuer la peste & la famine. Car n'est-ce pas (dira-t-on) s'opposer à la volonté de Dieu, que de vouloir diminuer la punition qu'il envoye? Or ne sent-on pas facilement l'absurdité d'une pareille Objection?

4°. L'Union des deux cens Souverainetez Germaniques, l'Union des treize Souverainetez Suisses, l'Union des sept Souverainetez d'Hollande ont certainement diminué ce fléau de Dieu, puisqu'ils l'ont ou banni entiérement d'entr'elles, ou du moins extrémement affoibli. Dira-t-on que ces Unions ont été faites contre les desseins de la Providence?

XIX. OBJECTION.

Il est certain que le Systême de l'Union est dans les vrais intérêts des Souverains, mais une preuve sensible que les hommes ne se conduisent guéres par leurs vrais intérêts, c'est ce qui se passe parmi les Chrêtiens; ceux-mêmes qui sont les plus persuadez de la nécessité de mener une vie chrétienne pour éviter l'Enfer & pour obtenir le Paradis, pratiquent-ils exactement les Maximes du Christianisme?

RÉPONSE.

Il est vrai que les hommes ne se conduisent guéres que par des passions & des intérêts mal entendus, mais l'exemple qu'on apporte en preuve pour montrer qu'il est fort douteux que les Souverains se résolvent jamais à désirer l'Union, n'est pas dans l'espéce dont il s'agit. Dans les Chrêtiens l'intérêt spirituel a toûjours à combattre contre l'intérêt sensible, & le sensible l'emporte toûjours: c'est que les hommes se conduisent ordinairement par sentiment, & jamais par spéculation, à moins que la spéculation ne soit parvenuë par le secours de l'habitude à être elle-même un sentiment, ce qui est rare.

Les passions naissent des choses sensibles, & l'intérêt ordinaire des hommes, c'est la satisfaction de leurs paſſions ; peu ſe gouvernent par raiſon & par des motifs de Réligion. Si les Souverains étoient gouvernez par ces deux motifs, perſonne ne douteroit qu'ils ne déſiraſſent fort le Syſtême de l'Union.

Le Chriſtianiſme ſurtout qui n'inſpire que la douceur, la patience, la charité, le deſintéreſſement, l'humilité, l'admiration & l'eſtime pour les biens éternels & pour les grandeurs céléſtes, le mépris & l'indifférence pour les biens peu durables de cette vie, & pour toutes les grandeurs humaines ; le Chriſtianiſme ne conſeillera jamais pour garder des prétentions d'agrandiſſement terreſtre, de réfuſer une Union perpétuelle ; la Philoſophie ou la raiſon épurée, elle qui cherche le repos & la tranquillité pour perfectionner & l'eſprit & le cœur, elle qui compte pour beaucoup l'exemption des ſoins, des chagrins & des inquiétudes pour rendre la vie plus heureuſe ; la Philoſophie, ſoit Stoïque, ſoit Epicurienne ne conſeillera pas de préférer une Diviſion & une Guerre preſque continuelle à une Paix perpétuelle.

Mais les hommes ordinaires ne consultent guéres dans leur conduite ni les Maximes de la Réligion, ni les idées de la Philosphie ; ils ne les régardent que comme des pures spéculations ; aussi n'ai-je pas appuyé sur ces sortes de motifs qui ne sont proportionnez qu'à peu de gens : J'ai opposé passion vulgaire à passion vulgaire, désir de s'agrandir d'une maniére à désir de s'agrandir de plusieurs autres maniéres, désir de conquérir & d'envahir, en faisant valoir ses prétentions, à crainte d'être envahi par un Voisin qui voudra de son côté faire valoir les siennes, désir d'acquerir de nouvelles possessions, à crainte de perdre son ancien patrimoine, désir d'élevation de Maison, à crainte de faire chasser sa Maison du Trône, désir d'augmenter la distinction de sa Maison entre les autres Maisons Souveraines, à crainte de décheoir de celle où l'on est, désir d'avoir un plus grand révenu par les Conquêtes, à désir d'en avoir un beaucoup plus grand par le rétranchement d'une prodigieuse dépense & par la grande augmentation du Commerce, désir de se faire un grand nom par les Conquêtes, mais une réputation équivoque & même odieuse chez les Nations qui auront souffert de ces Conquêtes, à désir d'une réputation toute belle, toute aimable, toute glorieuse & durable autant que l'Union même pour avoir contribué à l'établir, & pour avoir procuré par cet établissement la perfection des Arts & des Sciences, & la félicité des hommes de tous les siécles & de toutes les Nations du monde.

Voilà les motifs que j'ai employez. La seule chose où j'ai manqué, faute de calme, de loisir & de talent, c'est de n'avoir pas mis ces motifs dans toute leur évidence : mais qui les éxaminera de près, les trouvera en eux-mêmes beaucoup plus forts que ceux qui peuvent porter à la division ; & c'est ce qui me fait espérer que la plûpart des Souverains d'aujourd'hui s'y trouveront sensibles, surtout quand on considérera que les Souverains qui ont formé autrefois le Corps Germanique, n'étoient pas d'une autre pâte que ceux qui doivent former le Corps Européen.

XX. OBJECTION.

On m'a dit : ce Projet, reſtraint même à l'Europe, eſt encore trop vaſte pour être éxécuté ; ſa grandeur en fait l'impoſſibilité.

RÉPONSE.

10. Lorſque Henry IV. commença à travailler à ſon grand Projet qui eſt dans le fond le même que celui-ci, il vit bien qu'il ſeroit plus aiſé de le conclure entre cinq ou ſix Puiſſances, qu'entre quinze ou vingt; pourquoi ſe réſolut-il donc d'y faire entrer tous les Princes d'Europe les uns après les autres ? Pourquoi ce Projet ne lui paru-t-il point trop vaſte ? C'eſt que d'un côté il jugea que dès que le Traité ſeroit ſigné par quelques-uns, la plûpart des autres ne démanderoient pas mieux que d'y entrer, & de l'autre, que l'Union ne ſeroit jamais ſoli-

de qu'à proportion du grand nombre des Membres qui y entreroient? Ce Projet ne parut point trop vaste, ni à Henry IV. ni à son Conseil. Le Duc de Sully son prémier Ministre étoit un homme d'un grand sens, & dont les vûes étoient fort solides. On le voit bien, & par la maniére dont il rétablit les affaires de son Maître, & par les choses sensées, qu'il a écrites ; il connoissoit les affaires de l'Europe. Ces têtes valent peut-être bien celles d'aujourd'hui qui jugent ce même Projet trop vaste. Feu M. de Perefixe qui exalte ce Projet comme il le mérite, écrivoit tout ce qu'il en dit par les ordres & sous les yeux du Cardinal Mazarin, & le lisoit au Roi ; cela prouve au moins que le Cardinal & les Ministres de ce tems-là qui n'étoient rien moins que des Visionnaires quarante-cinq ans après la mort de Henry ne régardoient pas son dessein comme une belle chimére & comme une chose absolument impossible dans l'éxécution, puisque l'intention du prémier Ministre n'étoit pas de se déshonorer, en proposant au Roi parmi des Maximes sages & sensées d'un bon Gouvernement des Projets parfaitement chimériques: mais tout cela n'est qu'un préjugé contre ces Faiseurs d'Objections. Voyons au fond s'il y a quelque solidité dans leurs discours.

2°. Ce Projet est petit pour les commencemens : car enfin que deux, que trois, que quatre Souverains signent les Articles fondamentaux en 1712. dans la vûë d'en attirer d'autres dans leur Union, il n'y a rien de trop grand, de trop vaste, il n'y a rien que de très-possible, il n'y a rien même que de très-facile, vû les grands intérêts qui les porteront à s'unir. Qui prétendroit d'un gland jetté dans la Terre en faire naître en un an un chêne de cent pieds de haut, auroit une prétention ridicule ? La grandeur en féroit l'impossibilité ; mais si l'on prétend seulement en un an en faire naître un petit chêne d'un pied de haut, si l'on compte que l'accroissement de la première année déviendra une cause nécessaire de l'accroissement d'un second-pied qu'il doit prendre la seconde année, ce n'est pas porter ses espérances trop loin que d'espérer qu'en cent ans le gland devienne un chêne de cent pieds de haut.

Que l'on voye donc ce qui peut se faire chaque année ? Est-ce que l'Angleterre, la Hollande, le Portugal, la France, l'Espagne ne peuvent en trois ou quatre mois de Négociation convenir de trois ou quatre Articles du Traité ? Est-ce que trois mois après ils ne peuvent pas parvenir à convenir de quelques autres, & ainsi convenir des douze autres Articles fondamentaux ou de quelque chose d'équivalent dans le cours d'une année ? Est-ce que Venise, Gênes, les Suisses & les autres Princes d'Italie qui auront connoissance de la Négociation ne pourront-t-il pas y entrer, ou en même-tems, ou six mois après ? L'intérêt qu'ils ont de s'unir n'est-il pas infiniment plus grand que l'intérêt qu'ils pourroient avoir à demeurer séparez ? L'Union ne peut-elle pas s'accroître presqu'en même-tems par le consentement des Princes Allemans, du Roi de Dannemark, &c. Or les trois quarts de l'Europe unis ne peuvent-ils pas la troisiéme année attirer peu à peu les autres Princes, qui seront alors non seulement invitez par le grand intérêt d'une Paix inaltérable, mais encore pressez par la crainte d'être forcez par la plus puissante Ligue du Monde qui se joindroit à leurs ennemis? L'Europe entiére ne pourroit-elle pas la quatriéme année se trouver unie, & cela par le même intérêt qui a fait unir les autres? On voit donc que l'accroissement que l'Union prendra pendant une année sera une cause nécessaire de l'accroissement qu'elle prendra l'année suivante, & ainsi du reste. Qu'y a-t-il donc de trop grand, de trop vaste pour être impossible? Au contraire comme c'est la grandeur qui en fait la solidité, c'est cette solidité qui engagera tous les Princes à la désirer, & par conséquent à travailler à la former; ainsi l'on peut dire avec vérité que bien loin que la grandeur du Projet en fasse l'impossibilité, c'est sa grandeur au contraire qui en fait la facilité.

En effet les Souverains auroient-ils envie d'entrer dans un Traité qui pourroit s'anéantir par le changement de la volonté de quelqu'un ou de quelques-uns des Membres ou de leurs Successeurs : mais dès qu'ils verront que le grand nombre des Membres rend ce changement de volonté ou impossible, ou inutile; alors ils seront d'autant plus portez à entrer dans le Traité qu'ils y trouveront de solidité.

4°. L'Empire universel de la Republique Romaine pouvoit tandis qu'elle subsistoit, rendre la Paix universelle : mais comme cette Republique elle même ne pouvoit pas toûjours subsister, & qu'elle portoit dans ses entrailles divers principes de division qui devoient enfin la déchirer & l'anéantir, ne pouvant pas se rendre perpétuelle, elle ne devoit pas donner à la Paix une perpétuité, une solidité qu'elle n'avoit pas elle-même.

Les Empereurs Romains pouvoient de même donner la Paix à la Terre,

Terre, mais il n'y avoit rien d'assez solide dans leur Monarchie universelle pour pouvoir durer; il y avoit encore plus de causes de division & d'anéantissement que dans la République Romaine.

Pour former une Union toûjours subsistante, il semble qu'il falloit que ce vaste Empire se separât en vingt ou trente morceaux différens qui pûssent désormais estre perpétuellement unis par un grand interest commun & perpetuel qui consiste dans une augmentation prodigieuse de richesses qu'apportera le retranchement des prodigieuses dépenses de la Guerre, & la perpétuité & l'universalité du Commerce; il falloit que ces Etats pussent se rendre eux-mêmes parfaitement stables par leur Union perpétuelle.

Les Etats de l'Union peuvent tous devenir malades par les Divisions intestines, mais il est comme impossible que tous deviennent ainsi malades à la fois. Le plus grand nombre demeure en sa force; alors les Etats sains donnent du secours aux Etats malades, & les rétablissent dans leur premier calme & dans leur première santé ; ainsi chaque Membre se prêtant en differens siécles des secours mutuels, ils s'empêchent les uns les autres de s'anéantir, & se communiquent ainsi par leur Union perpetuelle une inalterabilité qu'aucun d'eux n'avoit en son particulier, & que l'Empire Romain ne pouvoit pas avoir.

Il falloit attendre qu'une longue & fâcheuse Guerre entre tous les Souverains de l'Europe preparât tous les esprits à souhaiter ardemment de rendre la Paix inalterable.

Il falloit trouver le temps où plusieurs Républiques fussent assez puissantes pour contribuer puissamment à cette Union, mais non pas trop puissantes pour se laisser aller à de folles idées d'une ambition démesurée.

Il falloit attendre le moment où d'un côté les Alliez de l'Empereur pussent estre rebutez par de nouvelles difficultez & par la crainte d'une longue Guerre & infructueuse, & de l'autre il falloit attendre le temps où la Maison de France gouvernée par des Chefs sages & moderez proposât ou du moins consentît à donner sûreté parfaite qu'elle n'aura jamais un plus grand Territoire, & qu'elle laissera le Commerce libre, égal, sûr, franc, perpétuel & universel; enfin il falloit des conjonctures que la Providence seule pouvoit amener pour le bonheur des Nations.

Ainsi je crois avoir montré que bien loin que *le Projet ait quelque chose de trop vaste*, nulle Union ne sera jamais parfaitement solide, qu'elle n'embrasse tous les Etats d'Europe.

Si les Anglois & les Hollandois trouvent que ce Projet, restraint même à l'Europe, est encore trop étendu pour être executé, qu'ils marquent eux-mêmes le nombre des Souverains qu'il suffira pour rendre la Paix inaltérable, qu'ils laissent seulement la porte ouverte à tous ceux qui voudront y entrer, & ils verront que les plus éloignez, pour avoir la faculté d'y entrer, indiqueront eux-mêmes de nouveaux moyens de rendre les mouvemens du Corps Européen aussi faciles, aussi prompts qu'ayent jamais été ceux du Corps Germanique.

XXI. OBJECTION.

Je ne crois pas (me difoit un homme d'efprit) qu'il foit abfolument impoffible que le Projet d'Union fe figne par la France, par l'Efpagne, par l'Angleterre, par la Hollande, par le Portugal, mais fûrement il ne fe fignera point : je ne puis point (ajoûta-t-il) vous démontrer qu'il ne fe fignera pas : mais fûrement il ne fe fignera pas.

RÉPONSE.

Pour moy je dis qu'il fe fignera, & j'aporte les raifons de ma prédiction, c'eft que les puiffances font trop intereffées à le figner ; il convient de ce grand intereft, mais il foûtient qu'ils ne le verront point : je foûtiens qu'ils le verront : il dit qu'ils n'ont pas les yeux affez fains: je foûtiens le contraire ; enfin il m'avoüe qu'il n'a pas de quoy me démontrer fa prédiction, mais que ce la n'empêche pas qu'il n'en soit sûr : mais pourquoy en êtes-vous sûr (luy dis-je) n'est-ce pas par des raisons suffisantes pour produire cette assûrance ? Or pourquoy ne pourriez-vous pas me les faire voir ces raisons ? il fallut qu'il en vint au dernier retranchement, qui est de me dire qu'il en étoit convaincu par *sentiment interieur* l'azile de l'opiniâtreté & de tous les préjugez les plus extravagans ; enfin il n'y a plus à raisonner avec un homme qui ne peut plus apporter de raisons.

XXII. OBJECTION.

Pour excuser son opiniâtreté, le même homme me dit que plusieurs gens d'esprit qui ont lû l'Ouvrage prédisoient, comme lui, qu'il ne se signera jamais un pareil Traité, pas même entre les Anglois & les Hollandois.

REPONSE.

Ces gens d'esprit ont apparemment des raisons pour juger ainsi de l'avenir; vous les ont-ils dites ? Si cela est, dites-les moy, & nous allons les examiner ? Ont-ils trouvé quelques-unes des propositions mal prouvées ? Vous ont-ils dit laquelle, & en quoy consiste le défaut de preuve ? Ont-ils trouvé quelqu'une des Objections à laquelle je n'aye pas solidement répondu ? Dites-moy laquelle ? Vous ont-ils dit les défauts de la réponse ? Dites-les moy, & les examinons ? Vous ont-ils fait quelques nouvelles Objections ? Dites-les moy ? Il ne me dit rien de nouveau, & cela impatiente. Si c'étoit une femme incapable de juger de ces matieres qui tint un pareil discours, je n'y trouverois rien à dire ; elle est dans la necessité sur les choses qu'elle ne sçauroit voir par elle-même de s'en rapporter au sentiment des autres; mais en verité pour un homme d'esprit, quand il faut qu'il juge d'un Ouvrage de pur raisonnement, s'en rapporter à la simple autorité de gens qui non plus que moy ne sont rien moins qu'infaillibles, lors qu'il peut être luy-même juge des raisons de l'Ouvrage, & de celles des Critiques : ce n'est pas prendre la voye la plus sûre pour ne se point tromper, ce n'est plus raisonner, ce n'est plus philosopher, c'est discourir sans raison, c'est proprement faire comme les superstitieux & comme les autres ignorans, qui dans le choix de leurs opinions ne veulent voir que par les oreilles.

XXIII. OBJECTION.

Sans la Guerre les Nations deviendroient trop nombreuses : la Terre ne pourroit nourrir tout le Peuple.

RÉPONSE.

Cette objection est venuë à l'esprit de plusieurs personnes ; ainsi il y faut répondre sérieusement ; car il ne faut rien mépriser de ce qui peut arrêter les esprits des plus foibles.

1°. Il est certain que si ce trop grand nombre d'Habitans est à redouter, si cela doit causer quelque crainte pour l'avenir, on ne doit pas être rassûré sur ce grand inconvenient, quand les Guerres dureroient par tout telles qu'elles font, puisque malgré ces Guerres il est visible que le genre humain multiplie encore, & a considerablement multiplié depuis deux mille ans. Ainsi ceux qui font cette objection, devroient trouver qu'il n'y a pas assés de Guerre ; & pour se delivrer de leurs craintes c'est à eux à songer aux moyens de multiplier les Combats, le nombre des Combatans, & les Machines meurtrieres.

20. Ce prétendu inconvénient ne seroit à craindre qu'après un prodigieux nombre de siécles. Car, par exemple, la Normandie ma Patrie, où il y a environ quinze cens mille ames, est plus grande & beaucoup plus fertile que n'étoit le Royaume de David ; cépendant ce Royaume nourrissoit dans ce temps-là plus de sept millions d'ames ; parce que les terres y étoient mieux cultivées, à cause du grand nombre d'Habitans.

Beaucoup de gens périssent à la Guerre, qui seroient morts ailleurs

pour l'Europe.

en même-temps, ou même plûtôt; beaucoup d'autres n'auroient point eu d'enfans; ainſi on ne peut pas ſuppoſer que la Paix perpetuelle donne à la France quatre cens mille ames de plus en cent ans: ce ſera pour la Normandie, qui eſt la dixiéme partie de la France, quarante mille Habitans de plus en cent ans, & quatre cens mille en mille ans, & quatre millions en dix mille ans. Il faudra donc attendre plus de dix mille ans avant que la Normandie ait plus d'Habitans qu'il n'y en avoit dans la Paleſtine, où il n'y en avoit pas trop. On peut dire la même choſe de tout le Royaume à proportion; mais il s'en faut plus des trois quarts que, ni l'Eſpagne, ni la Tartarie, ni la Moſcovie, ni la Norvege, ni la Suéde, ni la Turquie, ni l'Egypte, ni le reſte de l'Afrique, ni quantité d'Iſles d'Aſie ne ſoient ſi peuplées à proportion que la Normandie. Ainſi cette crainte qu'il n'y ait un jour plus d'Habitans que de nourriture ſur la terre, il faut la reculer au moins de trente ou quarante mille ans, vû la grande étenduë de ces Païs en comparaison de la France. Mais que fera-ce si l'on envoye de tems en tems des Colonies d'Europe dans les vastes terres de l'Amerique, dans ces grandes Isles de l'Ocean & dans toutes ces autres terres inconnuës des deux Pôles ; ainsi reculez, s'il vous plaît, vôtre crainte au moins d'ici à la fin du monde, quand il devroit encore durer cent cinquante mille ans.

30. Si l'on se met à desirer les Guerres pour empêcher une multiplication qui s'augmente tous les jours, il faut donc desirer une plus mauvaise Medecine que la nôtre, afin de tuer plus de gens & bannir la bonne qui prolonge la vie. Les secrets de prolonger la vie, que tant d'habiles gens cherchent depuis si long-temps, sont donc des secrets pernicieux au genre humain, puisqu'ils conspirent à cette multiplication excessive que l'on veut nous faire craindre, & un Medecin qui auroit un bon remede pour guerir les maladies populaires, & pour la peste, seroit un Citoyen trés-dangereux qu'il faudroit promptement

ensevelir lui & son secret; il faudroit de même dans un Etat bien policé récompenser tous ceux qui étouferoient leurs enfans; car enfin il vaudroit encore mieux étouffer quatre cent mille enfans en cent ans & sans frais, que de faire égorger quatre cent mille hommes avec de grands frais: voilà où conduit une crainte aussi extravagante.

40. Un trop grand froid, un trop grand chaud, des pluyes excessives, trop de secheresse, un air corrompu des saisons déreglées, des maladies populaires, les pestes, les famines, toutes choses qui ne dépendent point des hommes, & pour lesquelles ils n'ont point de préservatifs suffisans, seront toûjours des maux trop frequens & trop redoutables au genre humain, & sur tout là où le Peuple sera fort nombreux. La peste seule enleva en dix mois vers l'an 1669 plus de la sixiéme partie de la Ville de Roüen où j'étudiois; & quatre ans auparavant cette maladie emporta à Londres plus de deux cent cinquante mille ames. Ces fleaux que nous craig-

nons avec tant de raison ne suffisent que trop pour vous guerir d'une crainte aussi déraisonnable que la crainte d'une multiplication excessive, sans que vous ayez besoin d'apeler à leur secours les épouvantables carnages de la Guerre.

XXIV. OBJECTION.

Comment esperer de rendre inaltérable un établissement humain?

RÉPONSE.

1º. Les Arts qui servent à la nourriture des hommes, aux commoditez de la vie, l'Agriculture, les Moulins, l'art de faire de la Toile & des Etoffes, l'Ecriture, l'Imprimerie, la Gravure, l'Arithmetique, la maniere de mesurer le temps, les champs & les autres choses necessaires, les établissemens des Ecoles, des Colléges, ne sont-ce pas autant d'établissemens humains? Cependant y a-t-il à craindre que ces choses ne durent pas tant qu'il y aura des hommes ou du moins jusqu'à ce qu'on ait trouvé quelque chose de plus utile ou de plus commode? Et ce qu'on trouveroit de meilleur ne dureroit-il pas de même toûjours, quoique ce fût un établissement humain, & loin de cesser ou de s'altérer, ces établissemens ne feroient avec le temps que s'affermir & se perfectionner, c'est que les hommes naîtront toûjours fortement interessez pour leur repos, pour leur opulence, & pour leurs commoditez : voilà la maniere de rendre inaltérable un établissement humain. Or y eût-il jamais sur la terre un établissement plus avantageux aux Princes & à leurs Sujets que le seroit l'établissement de la Société Européenne pour rendre la Paix perpétuelle ? Peut-on rien imaginer de plus necessaire pour leur repos, pour leur opulence, pour toutes les commoditez, & pour tous les agrémens de la vie ? Pourquoy un établissement où la gloire & la volupté, où le vicieux & le vertueux : où tous les caracteres, où tous les âges & tous les sexes trouvent également leur satisfaction & leur bonheur, ne seroit-il pas durable ? Si quelques hommes peuvent devenir assez insensez pour vouloir brûler leurs Villes & leurs Maisons, tuer les autres & se détruire eux-mêmes, ce dégré de folie est rare, & le grand nombre de ceux qui n'auront pas perdu le sens pourront facilement les réprimer. Qui peut donc empêcher que l'Union une fois établie ne dure autant que le genre humain ?

2°. L'Union Germanique est un établissement humain, cépendant il subsiste depuis six ou sept siécles, & peut encore subsister long-tems malgré ses défauts essentiels ; & que seroit-ce s'il on trouvoit le moyen de lui ôter ses défauts ? Or le vrai moyen, le moyen sûr & unique, c'est d'unir ce Corps au Corps Helvétique, au Corps Hollandois, ou plûtôt au Corps Européen, & nous avons montré qu'il étoit plus facile de faire cette augmentation de Ligue de former dans quelques années cette seconde Union, qu'il ne fut autrefois de former la premiére ; & ce sera alors que cet établissement sera inaltérable.

XXV. OBJECTION.

Comment concilier le Christianisme avec le Mahométisme, les Moscovites avec les Calvinistes ?

RÉPONSE.

L'Union qu'on propose n'est pas la conciliation des Réligions différentes, mais la Paix entre Nations de différentes Réligions. Or qu'y a-t'il d'impossible ? Les Luthériens d'Allemagne, par exemple, ne sont-ils pas en Paix avec les Catholiques Allemans ? les différens de Réligions ont ils empêché l'Espagne de s'unir avec la Hollande ? Si l'on ne faisoit la Guerre que pour la Réligion, l'objection auroit de la force ; mais dans le Projet on laisse chacun dans sa Réligion, comme dans ses autres possessions ; ainsi il n'est point question de concilier sur cet article toutes les Nations du Monde : j'ai dit seulement, & je le dis encore, que s'il y a quelques moyens humains qui puissent contribuer à amener peu à peu les diverses Sectes au point de vûë de la vérité, l'établissement d'une Paix perpétuelle, est le plus solide de tous ces moyens, & même le fondement de toute conciliation.

Par le fréquent Commerce les opinions feront fréquemment comparées, & avec le seul secours des fréquentes comparaisons on peut espérer que les opinions les plus raisonnables prendront à la fin le dessus, & par conséquent que la raison servira beaucoup à amener tous les hommes à la véritable Réligion.

Les opinions raisonnables ont un grand avantage dans la comparaison sur celles qui ne le sont pas: sur ce pied là il est certain que la vraye Réligion n'a besoin que d'être souvent comparée aux autres, pour leur être enfin préférée. Or la grande étenduë, l'augmentation & la perpétuité du Commerce entre toutes les Nations rendront nécessairement les comparaisons des Réligions beaucoup plus nombreuses & plus fréquentes ; ainsi on peut s'assûrer que la vraye Réligion, qui est la seule raisonnable, déviendra peu à peu dans la suite des siécles la Réligion universelle : il ne faut pas même craindre que cette considération éloigne les Nations ou Hérétiques, ou Infidéles, de la Société Européenne ; au contraire elles souhaiteront cette Société même par zéle pour leurs Réligions ; c'est que chacun est dans la persuasion que sa Réligion est beaucoup plus raisonnable que celle des autres.

On m'a objecté que c'est un article de la Réligion des Mahométans, de ne faire que des Tréves, & jamais aucun Traité de Paix avec les Chrétiens : mais ceux qui parlent ainsi, ne sont pas bien informez d'une distinction essentielle : il leur est défendu de faire de Paix solide & durable avec des Ennemis Chrétiens ou égaux en force, ou presque égaux ; mais avec des Chrétiens qui seroient de beaucoup supérieurs en forces, il ne leur est pas défendu de faire une Paix solide & durable, puisque sans cela ce seroit exposer leur Réligion dans un péril évident. Or si le Grand-Seigneur seul dévenoit Ennemi de la Société Européenne, son Empire & sa Réligion ne séroient-ils pas dans un danger évident? Et d'ailleurs puisqu'il leur est permis de faire des Tréves de vingt ans & de les rénouvéler, n'en peuvent-ils pas faire de cent ans, & les rénouvéler, & ces longues Tréves toûjours rénouvelées, n'opérent-elles pas le même effet que la Paix perpétuelle?

XXVI. OBJECTION.

La gloire que quelques Souverains espérent du succés de la Guerre, peut les éloigner de ce Projet, qui rendroit la Guerre impossible.

RÉPONSE.

1º. Je suppose que malgré le peu de solidité de ces espérances, l'imagination séductrice appuyée de l'habitude de penser faux, donne à ces Souverains un plaisir très-réel à imaginer leur nom célébre dans toutes les Nations, leur Maison vingt fois plus florissante dans mille ans, qu'elle n'est présentement : si cette sorte de plaisir étoit innocent, s'il n'en coûtoit rien à personne, je n'aurois rien à dire : l'homme peut être heureux par des visions : mais si ce seul plaisir tout chimérique qu'il est, coûte à cent cinquante millions de personnes qui vivent, tous les malheurs qu'entraîne la Guerre : si cette chimére leur fait perdre pour jamais tous les biens qu'apporteroit la Paix universelle & perpétuelle : si ce plaisir doit causer tant de maux peut-être pendant cent cinquante mille ans, à tous ceux qui nous suivront, sacrifier ainsi froidement à une pareille chimére le bonheur du genre humain, c'est chercher la gloire dans la dureté, dans la méchanceté, dans la cruauté même : or qu'y a-t-il de plus insensé.

2°. Quand l'amour de la gloire, quand le désir de rendre son nom célébre & sa Maison illustre porte un homme à entreprendre & à exécuter des choses très-difficiles, mais surtout très-avantageuses pour le bonheur des hommes, le plaisir qu'il se fait non-seulement n'a rien que d'innocent, mais même il n'a rien que de très-loüable, parce qu'il n'a rien que de très utile au genre humain ? Il s'imagine à la vérité des plaisirs dans l'avénir qui peuvent bien se réduire aux agréables espérances dont il joüit dans le présent, mais à Dieu ne plaise que je cherche à éteindre en lui des espérances vaines qui produisent dans la Société des biens si grands & si réels ; il n'en sçauroit trop naître de cette espéce dans nos esprits ; mais quand les Princes se laissent conduire par des *espérances* qui doivent rendre les hommes très-malheureux, on ne sçauroit alors apporter trop de soin à les en désabuser, & à leur faire toucher au doigt la fausseté & la vanité dont elles sont accompagnées, la honte, l'exécration & les autres punitions dont elles sont suivies.

Ou vous serez très-heureux après vôtre mort, & alors les plaisirs inéfables dont vous joüirez vous permettront-ils d'être sensibles aux petits intérêts terrestres, à la vaine satisfaction de grand Conquerant ? Qui ne sçait que les très-grands plaisirs ne laissent pas de sensibilité pour les petits ? Et qui doute que les plus grands plaisirs de cette vie ne soient extrémement petits en comparaison de ceux de la vie future ? Ou bien vous serez très-malheureux ; & peut-on s'imaginer qu'au travers des plus grandes douleurs on puisse être sensible à de pareilles satisfactions, telle que sera la réputation d'un grand Capitaine, & l'agrandissement de Territoire de vôtre Maison dans cette Planette ? Jugeons-en par nôtre propre expérience. La moindre brûlure laisse-t-elle à l'ame la moindre sensibilité pour des satisfactions encore plus grandes que ne peuvent être les satisfactions de la vanité ?

4°. Je sçai bien que les Princes non plus que les autres hommes ne se déterminent guéres dans les partis qu'ils ont à prendre dans leurs affaires journaliéres par le Systême de l'immortalité de l'ame & de l'éternité de peines & de plaisirs ; mais cependant il faut qu'ils optent : si c'est dans le Systême de l'immortalité, ils ne sçauroient ignorer que la vertu consiste à rendre les autres heureux, que le crime consiste à les rendre malheureux, que la vertu est seule digne de récompense, & d'autant plus digne, que l'on sacrifie de ses intérêts pour le bonheur des autres, que le vice, que le crime est seul digne de punition, & d'autant plus punissable que l'on sacrifie plus du bonheur des autres à sa propre satisfaction, & que pour éviter un petit mal, on leur en fait souffrir de très-grands.

5°. Quiconque a la premiére teinture de Réligion, soit Chrêtienne, soit Mahométane, soit Chinoise, soit Payenne, ne sçauroit avoir d'idée du Paradis que pour les bons, de l'Enfer que pour les méchans, & personne ne dispute sur l'idée du bon & sur l'idée du méchant. Le bon fait du bien à ceux qu'il peut; le méchant ne se soucie pas de faire, de causer beaucoup de maux aux autres, pourvû qu'il lui en révienne quelque satisfaction: or peut-il venir à l'esprit d'un Prince que ce soit être bon à ses Peuples, que ce soit être bon à ses Voisins & aux autres Nations, que de s'opposer pour sa propre satisfaction à une Paix perpétuelle & universelle ? Les plus impudens flateurs peuvent-ils jamais espérer de lui persuader que de contribuer de toutes ses forces pour une vaine satisfaction à entrétenir perpétuellement les malheurs effroyables de la Guerre parmi les hommes, ce ne soit pas être extrémement méchant? Or peut-il jamais tomber dans l'esprit d'un homme tant soit peu sensé, de chercher une grande gloire dans une extrême méchanceté, & d'obtenir une vie infiniment heureuse, en causant aux hommes des maux infinis.

XXVII. OBJECTION.

Vous n'auriez pas contre vôtre Projet la plûpart des Souverains (m'a-t-on dit) s'ils se gouvernoient autrement que par leurs Ministres. Mais qui est-ce qui parle aux Princes de leurs affaires que leurs Miniſtres ? Et qui ſont les Miniſtres qui préferent l'intérêt du Prince & de l'Etat à leur propre intérêt ? Les Miniſtres du Roi de Suéde, par exemple, qui ont le détail de la Guerre, ſoit de terre, ſoit de mer ; les Miniſtres de la Guerre dont ſe ſert la Maiſon d'Autriche ne verront-ils pas que s'il ſe faiſoit une Paix inaltérable, ils n'auroient plus, ni crédit, ni conſidération, ni emploi ? Il ne peut y avoir que le Miniſtre des Finances & du Commerce, qui pourroit y gagner, étant déchargé d'un peſant fardeau pendant la Guerre, & ayant beaucoup d'affaires utiles & agréables à propoſer pendant la Paix.

RÉPONSE.

1°. Trop de gens ſouffrent de la Guerre, pour ne pas ſouhaiter de ſortir de cet état malheureux ; trop de gens parleront de ce Projet en Europe, s'il eſt publié, en latin, & dans les Langues vulgaires, pour que les Princes n'en entendent pas ſouvent parler, & quoique les Miniſtres

nistres entourent le Prince, ils n'oseroient pourtant lui donner pour désavantageux un Traité où les avantages sont si évidens pour lui & pour ses Peuples; peut-être qu'ils pourroient espérer de lui cacher ces grands avantages, s'il étoit impossible que d'autres qu'eux ne lui en parlassent, mais trop de personnes sages & désintéressez lui en parleroient: la plûpart des Souverains le liront donc, & s'ils le lisent, leurs intérêts y sont trop évidens pour ne pas vouloir que la chose soit approfondie; ainsi ils n'auront qu'à former un ou plusieurs Bureaux ou Comités de gens habiles qui mettent par écrit les nouvelles objections & les réponses qu'on y peut faire, & qui mettent tout Lecteur en état de juger par lui-même s'il est ou nuisible ou avantageux, s'il est ou possible ou impossible à exécuter. Or sûrement si le Prince prend ce parti là, aucun Ministre n'osera plus parler malgré sa conscience contre les intérêts de son Maître & de sa Patrie; il craindroit avec raison d'être regardé comme un traître & d'être puni de sa trahison.

2º. Un Ministre craindra qu'un ou deux Princes voisins, ayans agréé le projet, ne sollicitent son Maître d'y entrer, & que ce ne soit un puissant préjugé contre son sentiment, de voir que d'autres Princes regardent ce Traité comme avantageux ; ainsi ou le Ministre n'osera risquer sa réputation, ou s'il la risque il aura la honte de la perdre.

3º. Il est vrai que dans les constitutions présentes des Etats de l'Europe, & du reste de la Terre, les affaires de la Guerre soit directement soit indirectement, sont les trois quarts & demi des affaires de chaque Etat ; mais quiconque voudra réfléchir tant soit peu sur les autres affaires du Souverain, verra bientôt qu'il y a vingt sortes d'affaires négligées, qui sont à la verité moins pressantes que celles de la Guerre ; mais qui sont toutes dans le fond beaucoup plus avantageuses pour le Souverain, & pour ses Sujets. Nous en avons indiqué quelques unes dans le troisiéme discours, on a negligé de toutes parts ces importantes affaires pour se tourner uniquement du côté de l'affaire de la Guerre; mais si la Paix régnoit en Europe, & que son regne fût affermi pour toûjours, les Ministres changeroient à la verité d'affaires & d'occupations; mais ils n'en auroient pas moins, avec cette différence que ces affaires seroient beaucoup plus agréables & infiniment plus profitables que celles de la Guerre. Ainsi les Ministres auroient encore plus d'emplois, & plus de créatures à employer, & auroient bien moins de chagrins pour les maux présens, & moins d'inquiétudes pour les mauvais succés avenir.

Un Seigneur Particulier a eu pendant vingt ans de grands procés en divers Parlemens, il y a employé deux solliciteurs habiles & gens d'esprit, il a été forcé de tourner presque toute son attention & celle de ses gens de ce côté-là, d'employer presque tout son revenu, & une partie de son fond pour fournir à la dépense de ces solliciteurs, aux frais des Huissiers, des Procureurs, des Avocats, des Greffiers, des Juges même; ainsi il a été forcé de negliger ses terres, l'éducation de ses enfans, l'économie domestique, & son commerce. Voilà enfin tous ses procés finis, & pour toûjours il va songer presentement à défricher de bonnes terres, qui faute de culture se sont remplies de broussailles, à desseicher des marécages, pour faire de bonnes prairies, à planter de bonnes vignes, & des arbres d'ornement, à labourer, engraisser, & semer ses champs, à faire paître plusieurs pâturages qu'il n'avoit pas le moyen de charger de bestiaux, à reparer des fermes & des métairies qui tomboient en ruine, à rétablir des moulins abandonnés, à trouver des Fermiers, à établir des Commis pour son commerce, à faire des bâtimens & des clôtures utiles & agréables, à faire des acquisitions commodes. Qu'on ne dise si alors ses deux principaux Ministres, gens d'un esprit excellent, affectionnés à son service, luy seront déformais inutiles, & s'il manquera d'emploi à leur donner ? il n'aura plus ces affaires désagréables & dommageables qu'amenent les procés : mais n'aura-t'il pas quantité d'autres sortes d'affaires moins fâcheuses & plus profitables, pour lesquels il aura besoin de tout leur zéle & de toute leur aplication ?

4°. Seroit-il possible quand les Ministres croiroient beaucoup perdre au Traité de Paix, que tous fussent assez corrompus, & assez malheureux pour ne vouloir pas donner leurs petits interêts au plus grand interest que puissent jamais avoir leur Prince, leur Patrie & tous les hommes de toutes les Nations, de tous les siécles avenir. Or dans une Cour il suffit d'un Ministre zélé pour soutenir la verité & pour la persuader, quand cette verité est aussi évidente, aussi interessante & appuyée du suffrage de tous les gens de bien.

5°. Les Princes du corps germanique avoient leurs Ministres pour la Guerre ; cependant le Projet d'Union fut agréé & fut éxécuté. On peut donc soûtenir que l'obstacle qui peut venir de la part des ministres à l'Union de l'Europe ne sera point absolument insurmontable.

CONSIDERATION.

SUR la Noblesse employée à la Guerre.

1º. Chacun sçait que l'on ne fait la Guerre que par necessité, & pour avoir la paix ; c'est un grand mal que l'on supporte pour en éviter un autre plus grand.

2º. L'interêt des Gens de Guerre n'empêche pas chaque Etat de faire des Paix, ainsi ce même interêt n'empêchera pas que chacun des Souverains qui sont en Guerre ne tâche de conclure promptement la paix future, & ne fasse en sorte que cette paix soit fort longue, & s'il se peut inaltérable.

3º. Mais au fond la Guerre est une Lotterie, où la Noblesse en général perd incomparablement plus qu'elle ne gagne, la dépense que tous y font, passe de beaucoup les recompensés que tous en tirent, peu de billets noirs en comparaison des billets blancs. J'appelle une Lotterie égale où les billets noirs tous ensemble valent tout ce que coutent à tous les Joüeurs tous les billets, soit blancs, soit noirs. J'appelle Lotterie inégale, celle où tous les billets noirs pris ensemble ne valent pas ce que coutent aux Joüeurs tous les billets, soit blancs, soit noirs; elle est fort inégale, quand il s'en faut un tiers, une moitié que ces billets n'arrivent à la valeur de ce que coutent tous les billets. Or il est évident que beaucoup plus de Familles nobles sont ou éteintes ou appauvries, ou ruinées par le métier de la Guerre, qu'il n'y en a d'enrichies & d'élevées; c'est une Lotterie qui peut être avantageuse pour quelques maisons particuliéres en trés petit nombre, mais ruineuse pour le général des maisons de la Noblesse.

40. Quant à la distinction, il est évident que tant que l'Etat pour sa conservation a besoin de gens de Guerre, il est à propos d'attacher des honneurs à la valeur & aux talens

de bon Officier : mais s'il arrive par le moyen de l'établissement de la République de la Paix, qu'on n'ait plus besoin de Guerre, ce même Etat attachera ces mêmes honneurs, ces mêmes distinctions aux vertus, aux travaux, aux talens à proportion qu'ils seront plus utiles au bonheur de l'Etat ; ainsi la Noblesse n'y perdra, ni honneurs, ni richesses.

5°. Dés que l'on mettra beaucoup de degrez dans les emplois de Justice, de Police, de Finance, de Commerce, des Arts & des Sciences, les seuls Emplois qui peuvent rendre un Etat heureux & florissant, dés qu'on y attachera des honneurs, dés qu'on n'y placera que ceux en qui on reconnoîtra le plus de bonté, de justice, de capacité & d'application, chacun trouvera sa place, le ressort de l'émulation sera mis en œuvre au profit du Public, l'Etat sera bien servi, & les Particuliers seront bien recompensez.

6°. Comme chaque Etat fera une grande épargne en Troupes, il est juste d'employer une partie de cette épargne

épargne en pensions pour les Officiers de terre & de mer qui seront congediez, à proportion de leur rang: il est à propos que ceux qui ont servi soient recompensés à proportion de leurs services, & que chacun de ceux qui sont interessez à la continuation de la Guerre, reçoivent quelques desinteressement du profit même que fera l'Etat par la continuation de la Paix.

70. La Noblesse n'achete-t'elle pas beaucoup d'emplois de Guerre, ainsi ne pourra-t'elle pas acheter des emplois de Paix, lorsqu'il sera établi que ce seront les sources des honneurs, lorsque les Nobles seront preferez, & lorsque les charges seront fixez à un prix modique, où l'on puisse aisément atteindre, lorsque dans chaque Corps il y aura beaucoup de degrez de distinction pour ceux qui auront plus de lumiéres, d'aplication & de probité, & lorsque l'on donnera les honneurs de Comte, de Marquis, de Duc ou autres semblables, à ceux qui par leur services seront montez aux premieres places ; & n'est-il pas

juste aprés tout que ceux qui rendent les plus grands services à l'Etat en réçoivent les plus grandes récompenses ?

8°. L'Etat dévenu plus riche, ne pourra-t-il pas rembourser partie du prix des charges, afin que dans la Noblesse moins riche le Souverain puisse choisir sur un plus grand nombre les excellens Sujets.

9°. La Noblesse aura les mêmes honneurs, de plus grand réyenus, & les Maisons ne s'éteindront plus par les Guerres, & dureront beaucoup plus long-tems ; tels sont les avantages que la Noblesse tirera de l'inaltérabilité de la Paix.

XXVIII. OBJECTION.

Les hommes sont si disposez à se contredire les uns les autres, si différens dans leurs vûës, & dans leurs maniéres de penser, si opposez dans leurs intérêts, que quand il est nécessaire d'obtenir de quatre personnes leur consentement, pour une chose qui leur est utile, il est presque impossible d'y parvenir.

Or comment espérer de faire jamais convénir vingt-quatre Souverains, qui ont la plûpart des sentimens si différens, qui sont gouvernez en partie par des Ministres, qui ont leurs intérêts particuliers souvent opposez à ceux de leurs Maîtres, & de les faire convenir de soixante articles différens; cépendant sans convention, point d'Union.

RÉPONSE.

1º. Il est vrai que les hommes ont une grande disposition à se contrédire les uns les autres ; mais ils n'ont pas coûtume de contrédire celui qui parle pour eux, & conformément à leurs plus grands intérêts, à moins qu'ils ne soient dans quelque accés de passion violente, qui n'est qu'une folie passagére.

2º. Quand on a tant de peine à faire convénir quatre personnes d'un seul article, c'est qu'il y a quelqu'un d'eux à qui il n'est pas évident que cet article lui soit avantageux : car sans cela il ne se trouveroit aucun obstacle. Or il est évident pour tous les Souverains que le Syſtême de l'Union ſera infiniment plus avantageux, pour eux & pour la durée de leur Maiſon, que le Syſtême de la Guerre. Ainſi il n'y a rien qui puiſſe les éloigner de convénir des articles qui doivent ſervir de fondement à l'Union.

30. Cette Objection iroit à prouver, qu'on ne pourroit jamais eſpérer de former aucune Société, aucune Compagnie ſeulement de quatre ou cinq perſonnes, & ſur tout celles où il faut beaucoup de ſortes d'articles qui ſoient comme les moyens d'arriver au but que ſe propoſent ces Sociétés. Cependant l'expérience nous apprend que dans les affaires civiles, dans les entrepriſes de piété, il ſe forme des Compagnies de Commerce, des Sociétés de Réligion d'un plus grand nombre de perſonnes, que de quatre, que de vingt-quatre ; & que le nombre s'augmente très-conſidérablement par le nombre de ceux qui croyent trouver leur avantage à y entrer.

4º. Je n'ai pas prétendu que la

convention se fit tout d'un coup entre les vingt-quatre Souverains; mais qu'elle se pourroit faire d'abord, entre deux, entre trois, entre quatre; qu'ensuite d'autres y entreroient. J'ai dit & je crois l'avoir bien prouvé que cette première convention entre deux, entre trois, entre quatre n'est pas impossible, qu'elle suffit pour commencer l'Union, que cette union commencée, chacun y entrera, s'il suit ses plus grands intérêts, & que si quelqu'un n'y vouloit pas souscrire de bon gré, l'Union plus puissante l'y féroit facilement souscrire les armes à la main. Or sur quel fondement juger qu'il est impossible que ces quatre Puissances conviennent de former cette Union, il faudroit montrer que quelqu'un d'entre eux ne verra pas les quinze grands avantages dont on a ci-devant parlé, qu'on me nomme quelqu'un de ces quatres Souverains, & qu'on me dise qui l'empêchera de trouver son intérêt, & un intérêt prodigieux dans cette Union.

Si vous n'avez pas de raison pour

croire que les Princes ne trouveront pas dans l'Union de très-grands avantages, vous avez tort de juger qu'ils ne conviendront jamais ; si au contraire les avantages sont immenses pour eux à convénir de cette Union, si ces avantages sont évidens, même pour ceux qui seroient prévenus de passions contraires. Il est certain qu'ils la souhaiteront à proportion qu'elle leur paroîtra avantageuse ; c'est l'intérêt qui divise : mais c'est l'intérêt qui unit. Nous n'avons pas plus de pente à la division qu'à l'union, ce qui fait nôtre pente c'est le plus d'intérêt que nous trouvons, ou que nous croyons trouver du côté de la division, plûtôt que du côté de l'union.

5°. Quant à la multitude des articles, dont les Souverains doivent convénir ; n'est-il pas vrai qu'ils se réduisent tous à un, qui est de conserver entre eux une Paix qui leur doit être infiniment avantageuse ? n'est-il pas vrai que les autres articles sont subalternes, & ne sont que des moyens pour arriver à un but si désirable, & le prix du but ne fait-il pas agréer les moyens ; quand les moyens coûteroient beaucoup, pourvû qu'on les régarde comme absolument nécessaires, & que le but paroisse d'un plus haut prix que tous les moyens ensemble, & puis tous ces moyens fondamentaux se réduisent à douze articles, & dès que l'on sera convenu que les autres articles se formeront pour la provision à la pluralité des voix, & aux trois quarts pour la définitive. Il est impossible que la multitude des articles fasse jamais un obstacle.

Qui doute que pour l'établissement de cette fameuse Compagnie que les Hollandois ont formée pour le Commerce des Indes, il n'ait fallu que quelqu'un en ait fait un prémier Plan fondé sur le profit immense que l'on y pourroit faire, si l'on pouvoit fournir certaines avances pour divers établissemens nécessaires : avances qui ne pouvoient être faites que par un grand nombre de riches Particuliers ; mais ce grand profit mis une fois en évidence fonde l'Union de dix personnes, & bien-tôt après de quarante, ensuite de cent ; & enfin de deux mille, de vingt mille personnes qui ont d'ailleurs des intérêts particuliers fort différens, & peut-être opposés, le grand profit qu'ils doivent faire en commun ne les fait-il pas passer par dessus des intérêts moins considérables? L'Union se forme & ne consiste que dans un seul article fondamental, que chacun profitera à proportion de ce qu'il y mettra. Il est bien vrai qu'il faut convenir de cent autres articles pour faire réüssir le Projet ; mais si ces articles sont les moyens les plus convénables pour arriver au but, chacun par intérêt ne les souhaite t-il pas ? ne les demande t-il pas ? On compte pour rien la perte ou la dépense quand elle est nécessaire pour faire un profit très-grand & proportioné à cette dépense.

Mais au fond quand on se tromperoit d'abord en quelque chose sur le choix de ces moyens, de ces articles dont on est convénu par provision, on ne risque rien ; puisque ceux qui font la Société, ceux qui la gouvernent peuvent, ou éclairez par de nouvelles réfléxions, ou inftruits par leur expérience changer ces articles, & prendre de nouveaux moyens plus convénables & plus commodes, le même intérêt qui les a fait convénir d'un article, tandis qu'ils ont crû qu'il étoit avantageux pour arriver au but, ce même intérêt le leur fera aifément changer, dès qu'il appercevront qu'il eft moins avantageux que nuifible; entre affociez le but rectifie bien-tôt les moyens, & quand on fait une fois la grande valeur du but, chacun fe rend facile pour convénir des moyens; ainfi dans ce projet loin que le nombre des articles doive épouvanter, on ne fera en peine que de les multiplier pour perfectionner l'ouvrage, & les Princes qui s'uniront peuvent-ils craindre de s'engager à quelques articles, ou pénibles, ou défavantageux, eux qui font les Maîtres aux trois quarts des voix, de s'en difpenfer comme ils ont été les Maîtres de s'y engager ? n'au-

154 *Projet de Paix perpetuelle,* ront-ils pas en ceci le même intérêt qui est d'un côté de rendre l'Union la plus solide qu'il leur sera possible, & de l'autre de faire en sorte de choisir les moyens qui leur coûteront le moins, & qui leur seront les moins incommodes pour augmenter cette solidité.

6°. Qui doute que les deux cens Souverains d'Allemagne, ne fussent fort disposez à se contredire les uns les autres : cépendant ils convinrent, & par quelle raison ce qui s'est fait autrefois entre deux cens, dévient-il impossible présentement entre vingt-quatre ?

XXIX. OBJECTION.

Le Systême de la Paix est proprement le Systême de l'abondance, ainsi une longue Paix nous apporteroit certainement une grande abondance, & feroit cesser une grande partie de nos misères ; mais souvent l'abondance traîne avec elle la mollesse, le luxe, la débauche ; les hommes ne feront donc que changer de maux. *Nunc patimur longa pacis mala, sævior armis luxuria incubuit.*

RÉPONSE.

1º. Il est vrai que lorsque les Loix ne dispensent pas les honneurs, les dignités, les emplois, les pensions aux plus vertueux, aux plus laborieux, & aux plus intelligens, les vices de l'abondance sont à craindre: mais il sera bien plus facile de former, & de faire observer de bonnes Loix, de bons Réglemens dans la tranquillité de la Paix, que dans le trouble & l'agitation de la Guerre.

Lorsque les vices regnent dans un Etat, ce n'est pas tant la faute de l'abondance que la faute des Loix qui ne sont pas encore arrivées au point de bien diriger les mœurs par la bonne dispensation des récompenses; tenés par des Loix sages la porte ouverte à toute condition, à tout âge pour s'élever aisément à proportion de son travail au dessus de ses pareils. Il arrivera que ceux qui ne travailleront pas, tomberont dans le mépris; ainsi presque tous travailleront, mais si le ressort de la gloire n'est bien secondé par de sages Loix : si la parenté, l'alliance, le dévouëment servile, la flatterie, la faveur, décident plus souvent des emplois & des récompenses de l'Etat, que les talens que l'aplication, que la moderatîon, que la probité : On abandonnera toûjours ces bonnes qualités, & l'Etat tombera peu à peu en décadence à mesure que les emplois & les recompenses séront mal distribués, & se rélevera à mesure que tout commencera à se distribuer avec plus de choix & de justice.

Ces sages Romains qui avoient une si belle discipline militaire, de si belles Loix pour conquerir le monde par la Guerre, n'avoient pas assés bien pourvû aux Loix qui pouvoient prévenir les divisions entre eux & les malheurs du luxe durant la Paix ; ils avoient trouvé ce qui doit produire l'abondance, mais ils n'avoient pas inventé les réglemens nécessaires pour inspirer à chaque Cytoyen le bon usage de cette abondance.

Or quand peut-on esperer de trouver ces sages réglemens ? quand peut-on espérer de les établir, que lorsqu'on ne sera plus occupé des inquiétudes, & des maux pressans de la Guerre ? Et lorsqu'on ne craindra plus de séditions & de révoltes au milieu de la Paix.

Le luxe, la débauche, la basse ambition ne sont donc pas des suites necessaires de l'abondance, ils n'en sont suites necessaires que dans un état qui n'est pas encore assez bien policé : le mauvais usage de meilleures choses est à craindre, s'ensuit-il que les bonnes choses soient à éviter ? Faudra-t-il demander la petitesse d'esprit, l'ignorance, parce qu'on peut abuser de la science & de l'étenduë d'esprit ? Que de biens il revient à une Province quand l'abondance se trouve chez des personnes genereuses, habiles, compatissantes, laborieuses, intelligentes ! Les voisins, les amis, les parens, les pauvres, les riches même, tout le monde s'en ressent ; distribués avec justice les récompenses utiles & honorables à ceux qui dans leur condition serviront le mieux le Public; & ne craignez plus pour eux l'abondance : dirigez vos Loix & vos Réglemens; faites des établissemens pour connoître tous les jours plus exactement les divers degrés de mérite de chaque Sujet, & chacun ne songera plus à se faire d'autres Patrons que le mérite même, laissez les fainéans sans honneur, sans emploi, il s'en trouvera peu, & dés qu'on aura ainsi jetté des marques de mépris sur le luxe, sur la mollesse, sur l'intemperance, sur la paresse, sur la basse ambition, les vices chercheront bientôt une autre Contrée.

Voulez-vous, m'a-t-on dit, retrancher les jeux, les répas agréables, les spectacles, pour donner tout à la gloire ? je n'ai garde de démander aux hommes du commun une perfection, dont ils ne sont pas capables; la modération dans les plaisirs innocens, est une vertu qui supose des plaisirs, & la vertu la plus rigide en a besoin, comme d'un relâchement nécessaire à la nature. Il est vrai que pour le bon Gouvernement d'un Etat, on a bien plus béfoin de mettre en œuvre le reſſort des plaiſirs de la gloire, que le reſſort des plaiſirs des ſens : mais la gloire elle-même a béſoin d'être dirigée ; & ne voit-on pas ſouvent qu'au lieu de produire l'émulation ſur l'acquiſition du mérite, elle ne fait naître que la jalouſie ſur la récompenſe que reçoivent les autres ? Ne voit-on pas avec étonnement qu'un ſentiment eſtimable dans ſon principe ne produit quelque-fois qu'une conduite honteuſe & mépriſable ?

Dans le calme de la Paix, il ne ſera pas bien difficile de diriger peu à peu les mœurs par la gloire. Nous en avons vû des exemples dans Lacédémone, & dans l'ancienne Rome, les hommes vont droit à la récompenſe : Ne récompenſez que les actions glorieuſes, que les qualitez eſtimables & utiles, & à proportion qu'elles ſont utiles, l'abondance, loin de nuire à la vertu ne ſervira qu'à mieux établir ſon regne.

2°. Il faut opter entre le Syſtême

de l'abondance, & le Syſtême de la pauvreté. Or qui ne voit que la pauvreté, traîne aprés elle beaucoup plus de crimes, & de plus grands crimes que l'abondance ? Le même homme qui eſt injuſte à trois dégrés, tant qu'il eſt dans l'abondance, le ſeroit à ſix s'il tomboit dans la pauvreté, c'eſt que dans l'abondance il n'en coûte le plus-ſouvent que du ſuperflû pour eſtre juſte, au lieu que dans la pauvreté il en coûte du néceſſaire.

Les larcins, les fraudes, les fauſſetés, les parjures, l'hypocriſie, les perfidies, les vols, les empoiſonnemens, les aſſaſſinats marchent à la ſuite de la pauvreté, & ſont de bien plus grands crimes que ceux de l'intemperance, de la fainéantiſe, & du luxe, c'eſt que les crimes de la pauvreté rendent criminel, odieux, éxécrable, & tendent à détruire la ſocieté, au lieu que la plûpart des vices de l'abondance ne font le plus ſouvent que rendre la ſocieté incommode, & le vicieux mépriſable.

3°. Qu'on ſe répreſente le prodigieux

gieux nombre de meurtres qui se font tous les jours à la Guerre, & dont chaque parti permet les incendies, les pillages, & toutes les autres violences des Soldats yvres & emportés, ce sont des suites nécessaires du Systême de la Guerre. Or l'on verra que les vices du Systême de l'abondance & de la Paix sont infiniment moins à craindre pour le genre humain, que les crimes qu'autorise la Guerre.

4°. Voyons-nous qu'en Hollande où les Habitans sont plus opulens qu'ailleurs, que dans cet Etat où il y a plus de richesses à proportion chés les Particuliers, qu'en aucun Païs du monde, il y ait plus de vices & plus de crimes que parmi les autres Nations ? Au contraire les Habitans, soit qu'ils doivent cela à l'abondance même ou à leurs bonnes Loix, exerçent bien plus exactement la justice, la bonne foi, & la charité, qu'on ne fait dans les Païs où regne l'indigence.

Qu'on ne nous presente donc plus l'abondance comme un malheur pour les hommes, à moins qu'on ne veüille regarder comme des maux tous les biens dont ils peuvent abufer, ce qui feroit une grande extravagance.

XXX. OBJECTION.

La Guerre avec les Etats voifins eft très-utile à un Etat, pourvû qu'elle ne fe faffe pas avec une trop grande dépenfe, pourvû qu'elle ne dure pas trop long-tems, & qu'elle ne fe faffe pas avec un grand défavantage; en ce qu'elle éloigne les Guerres civiles en confumant les efprits turbulens, remuans, inquiets, les gens ruïnez par leurs profufions, qui pour changer de fituation exciteroient des féditions dans les Provinces, & formeroient des partis dans l'Etat: Or de deux maux il faut choifir le moindre, & qui ne fçait que les Guerres civiles font beaucoup plus funeftes & beaucoup plus ruïneufes pour l'Etat que les Guerres étrangeres?

RÉPONSE.

1º. Ces esprits inquiets & turbulens qui se consument à la Guerre, ne sont pas les seuls qu'elle fait perir; elle en fait aussi perir au moins une autre moitié de Citoyens sages & vertueux, qui auroient rendu de grands services à leur Patrie dans les emplois de Paix; elle fait perir beaucoup d'Habitans sur les frontieres & dans les villes assiégées.

2º. Dans le Systême présent de la Guerre, il est visible que les Guerres étrangéres font naître & facilitent souvent les révoltes & les Guerres civiles, on en voit des exemples en Hongrie, en Pologne, en Italie, en France, en Espagne, par tout, & dans tous les tems où les Citoyens sont armez contre les Citoyens pendant les Guerres étrangéres.

3º. Qui peut se promettre de poser des Bornes à une Guerre Etrangere, soit du côté de la durée, soit du côté de la dépense, soit du côté des succés malheureux.

4º. La réponse décisive, c'est qu'

il ne peut y avoir d'utilité dans la Guerre étrangére qu'en ce qu'elle peut éloigner la Guerre civile. Or nous avons démontré que dans le Systême de l'union il n'y auroit à craindre ni Guerre étrangére, ni Guerre civile ; ainsi l'Union seroit un preservatif infaillible contre les Guerres civiles, au lieu que la Guerre étrangére loin d'être un preservatif sûr contre les Guerres civiles, en devient souvent l'unique cause.

XXXI. OBJECTION.

Je conviens (m'a-t-on dit) que si quatre ou cinq Souverains avoient commencé à signer ce Traité, tous les autres le signeroient l'un aprés l'autre ; mais c'est ce commencement qui est presque impossible.

RÉPONSE.

Je sçai bien qu'un ouvrage ne sçauroit jamais s'achever, s'il ne peut jamais se commencer ; mais pourquoy juge-t-on que si le Traité étoit commencé par quatre Souverains, les vingt autres viendroient l'un aprés l'autre le signer, & l'achever ? Y a-t-il quelqu'autre fondement à ce jugement que le grand interest que ces vingt auroient à signer les derniers, ce que les quatre autres auroient signé les premiers? Or quelle preuve, quelle impossibilité y a-t-il que le même motif, qui feroit sûrement assés puissant pour faire signer les vingt derniers avec joye & avec empressement, ne sera pas sûrement assez puissant pour en exciter quatre à signer les premiers? Qu'on me montre cette impossibilité ; il y a même un motif de plus pour les premiers, c'est l'honneur d'avoir commencé l'établissement le plus important aux Peuples & aux Souverains que l'on puisse jamais imaginer.

Au reste j'avoüe que ces sortes d'objections, dont je ne sçaurois découvrir la force, & qui ne prennent leur source que dans des préjugez sans fondement, loin de m'ébranler, ne font que m'affermir; loin de m'ôter l'espérance du succez, ne font que me l'augmenter; c'est que l'on a sujet de croire que ceux-là n'ont rien de solide à objecter, qui après s'être tourné de tous côtez ne présentent que des fantômes de difficultez, qui s'évanoüissent dès qu'on veut les toucher.

Voici encore quelques nouvelles objections qui m'ont été faite sur la troisiéme ébauche de cet Ouvrage.

XXXII. OBJECTION.

On m'a dit que j'eusse mieux fait de cacher ma Patrie au Public, & que j'en aurois parû moins suspect de partialité à toutes les Nations.

RÉPONSE.

Cette pensée m'étoit venuë; mais je ne m'y suis pas arrêté : 1°. Parce qu'étant dans la nécessité de profiter des avis de plusieurs personnes habiles de différens emplois & de différens caractéres, je n'eusse jamais pû parvenir à tenir mon nom caché pour le Public.

2°. Ce n'est pas en disant que l'on

n'eſt point partial, que l'on peut perſuader que l'on n'a pas plus de penchant pour une Nation que pour une autre, c'eſt en propoſant effectivement des choſes équitables en elles-mêmes, & qui accomodent *également* toutes les Nations: Ainſi ſi je propoſe la reſtitution de quelques conquêtes, tant pour la Maiſon de France, que pour tous les autres Princes dépoſſedés ; ce n'eſt point par eſprit de partialité, c'eſt que la dépoſſeſſion m'a paru injuſte ; & que ce qui étoit à reſtituer ne valoit pas pour les Anglois & pour les Hollandois la dixiéme partie, la centiéme partie que leur vaudra l'inaltérabilité de la Paix ; ainſi j'ai eu raiſon de croire que cette propoſition accomodoit *également*, & la Maiſon de France, & les Alliés de la Maiſon d'Autriche. Or que peut-il y avoir de moins partial qu'une propoſition juſte, & également accomodante pour les Parties intéreſſées ?

XXXIII. OBJECTION.

Ce n'eſt pas tant la mauvaiſe volonté des Miniſtres (m'a t-on dit) qui eſt à craindre pour le ſuccés du Projet d'Union, que la difficulté qu'ils ſentiront à changer tout d'un coup tout le Syſtême de leur miniſtére.

RÉPONSE.

Dans chaque Etat, le Miniſtre du Commerce, le Miniſtre des Finances, le Miniſtre des affaires Etrangéres ne changeront point de Syſtême, ils auront les mêmes affaires avec cette différence, qu'elles ſeront beaucoup plus faciles, & beaucoup plus agréables & comme les vûës pour le *perfectionement* de la Police, des Loix Civiles, des Réglemens & des Etabliſſemens pour l'éducation, pour les chemins, pour les canaux, pour les arts, pour les ſciences ſe multiplieront, le Miniſtre de la Guerre pourra avoir de ce côté-là beaucoup d'emploi, &
une

une occupation plus agréable, & plus facile que celle qu'il quitte. Or il ne lui sera pas difficile de diriger bien-tôt de ce côté-là ses vûës, & ses Bureaux.

XXXIV. OBJECTION.

Un autre m'a dit dans un Etat, ce sont les Ministres qui décident, & les Ministres n'ont pas le loisir de lire un gros mémoire, bien moins ont-ils l'esprit assez calme pour le lire avec attention, & pour en relire les endroits les plus importans; cependant le mémoire est de dix heures de lecture, ainsi il restera sans éxécution.

RE'PONSE.

Il est vrai que dans un Etat, les Ministres seuls ont l'autorité de décider, & qu'entrainez rapidement par le torrent des affaires journaliéres, importantes & pressantes, ils n'ont pas souvent le loisir de lire & d'éxaminer avec des gens habiles un mémoire fort long ; mais cependant, 1°. Ce mémoire traite de la plus importante affaire qu'il y ait préfentement à traiter, & en traite à fonds, & par les prémiers principes. 2°. Si tous ceux qui ont du loifir, & en qui ils ont confiance font prévénus en faveur du mémoire, il fe féra naturellement une forte de confpiration de fuffrages, qui obligera les Miniftres à l'éxaminer eux-mêmes. Ainfi la voix publique, & l'intérêt commun fuffiront pour obliger les Miniftres & les Princes à établir un Bureau exprès pour l'examen de l'ouvrage, & s'il eft attaqué publiquement, s'il eft éxaminé, il réüffira : ce qui eft de vrai, c'eft qu'avant qu'il ait été traduit en toutes les langues vulgaires de l'Europe, avant qu'il ait été imprimé dans les Capitales, & qu'il foit, pour ainfi dire, parvenu entre les mains de tout le monde, il faut quelques années, il faut que le froment, avant de produire une moiffon abondante foit fémé, & s'il fe peut, en bonne terre, il faut du tems pour le faire venir en herbe ; il en faut pour le faire venir en grain : mais tout eſt aſſujetti au tems, & c'eſt avoir beaucoup fait pour le ſuccés d'un pareil Projet, qu'il n'ait plus beſoin que des mains des gens de bien pour le ſémer par tout, chacun ſelon leur pouvoir.

XXXV. OBJECTION.

Un Souverain puiſſant comme le Turc, ne peut-il pas faire des armemens, ſans que l'Union en ſoit avertie, & ne peut-il pas gagner un Réſident ?

RÉPONSE.

Il pourra gagner un Réſident ; mais dès qu'il faudroit gagner dix Réſidens, quinze Réſidens qui féront répandus dans un grand Etat, un Prince ne ſongera pas ſeulement à le tenter, tant la choſe lui paroîtra impoſſible ; d'autant plus qu'un ſeul tenté & non gagné ſuffit pour tout découvrir.

P ij

XXXVI. OBJECTION.

On m'a dit : les principes de division qui sont dans les hommes, suffisent pour détruire un jour l'Union.

RÉPONSE.

1º. Quand au bout de cinq cens ans l'Union viendroit à se détruire, l'Europe auroit toûjours joüi d'une très-longue Paix, & par conséquent d'une très-grande & très-longue félicité.

2º. Nos Etats durent malgré les jalousies, les haines d'un Citoyen contre un autre Citoyen, c'est qu'il n'y a aucun Citoyen qui ne veüille quelque Union avec plusieurs, tandis qu'il veut être en division avec quelqu'un ; nul ne veut vivre ennemi mortel de tous les autres, ses besoins le rappellent à la société de quelques-uns.

3º. Les Souverains sages seront rétenus par la crainte de perdre les biens qu'ils tirent de l'Union, à mésure que leur sagesse est grande, ils apperçoivent que ces biens sont plus grands qu'ils ne paroissent.

4°. La Société une fois faite, les peines une fois établies contre les Perturbateurs, la seule crainte des punitions rétiendra ceux qui ne sont pas assez sages pour appercevoir les biens qu'ils tirent de la Société.

5°. Il restera des histoires, & ces histoires en réprésentant nos malheurs & ceux de nos péres, instruiront nos neveux, la seule comparaison de l'Etat, où les Souverains seront avec l'Etat où leurs ancêtres ont été, suffira pour leur faire sentir la différence de l'Etat de division à l'Etat de société.

6°. Cela me fait penser, qu'un des prémiers Chefs de l'éducation des Souverains futurs, c'est la lecture des histoires, des malheurs causez aux Maisons Souveraines par les conspirations, par les Guerres civiles, & par les Guerres étrangéres, & chaque Etat doit payer les meilleurs Ecrivains pour bien écrire toutes ces choses, pour les mettre en spéctacle sur nos Théatres, & pour les rendre à la portée de tous les esprits, & sur tout des enfans de Maison Souveraines.

7o. S'il reste encore en Asie & en Afrique des Peuples en Guerre, leur misére, leur grossiéreté, seront des tableaux perpétuels de ce que cause la Guerre.

8o. Il n'y a pour persuader les Souverains futurs de l'utilité de la Société Européenne, qu'à convenir que ceux qui vivent envoyent à la Ville de Paix l'état présent de leur révenu, de leurs dettes, du nombre des Villes, & de leurs Habitans, l'état de leur Maison, de leurs différens Palais, &c. & l'état à peu près du révenu des Sujets, & l'on verra clairement au bout de chaque siécle les avantages que l'on a tiré de l'établissement de cette Société, & par conséquent ceux que l'on doit se promettre de sa durée.

XXXVII. OBJECTION.

L'Auteur n'auroit-il point mieux fait de donner son Systême comme une idée Platonique?

RÉPONSE:

1°. J'ai déja dit que si je n'avois eu qu'une simple opinion spéculative à persuader, j'aurois pris le parti de proposer le sistême simplement, comme une idée belle en elle-même, & dont on se seroit contenté de dire *entre les belles visions, voilà une des plus souhaitables;* mais je n'aurois jamais pris tant de peine, simplement pour amuser, pour divertir le Lecteur; & comme j'étois persuadé de la possibilité de l'éxécution de ce Projet, si j'eusse fait paroître dans le corps de mon ouvrage que je doutois tout le prémier de cette possibilité, aucun Lecteur ne l'eût crû possible : Car qui est-ce qui va sur l'opinion de l'utilité d'un ouvrage au delà de l'Auteur même ? ainsi je n'aurois jamais pû espérer que l'approbation stérile d'un Lecteur superficiel, qui s'en seroit amusé pendant deux ou trois jours.

Au reste j'avois d'abord pris ce

ton-là dans la premiére ébauche: j'expérimentai, qu'il ne vint pas seulement à l'esprit d'aucun Lecteur, que l'ouvrage pût être regardé autrement que comme un ouvrage d'amusement du genre de la République de Platon.

J'ai bien vû qu'en traitant l'affaire sérieusement, je m'attirerois quelque ridicule de la part des esprits superficiels, mais que je les obligerois à force de raisons solides de répondre sérieusement à un corps de raisonnemens assez suivi pour n'être pas si légérement méprisé, qu'il se trouveroit quelques esprits forts, & robustes, pésamment armez, qui entrant dans mes vûës, féroient ferme, & mépriseroient les discours généraux pour attendre des objections dignes d'attention que ceux-ci raliéroient peu-à-peu derrriére eux un petit corps qui groffiroit à la longue, & qui feroit redoutable à quiconque voudroit entrer en lice, & en venir au combat.

Voilà ce qui m'a déterminé en faveur de l'utilité publique à me livrer franchement à la plaisanterie de tous les plaisans de profession, & de faire ferme le prémier en défiant les plus hardis de mettre seulement par écrit trois pages sensées, & de faire une seule objection solide contre un ouvrage, qui après tout ne leur sçauroit paroître de tout point si méprisable.

XXXVIII. OBJECTION.

Un de mes amis qui voudroit que l'on chassât le Turc de l'Europe, avant que de faire avec lui aucun Traité de Commerce, & avant que de le récevoir dans l'Union comme associé, propose que l'Union entreprît la Guerre, pour donner aux Polonois ce que les Tartares, & les Cosaques leurs tributaires ont sur la mer noire, pour donner à l'Empereur les autres rivages de la mer noire, jusqu'à Constantinople, & aux Dardanelles, pour donner aux Venitiens toute la Gréce, & toutes les Isles de l'Archipel & Candie, pour rendre Rhode aux Chevaliers de Malte.

RÉPONSE.

1°. Ce seul article est peut-être plus difficile à éxécuter que l'établissement de la Société, & il ne me semble pas absolument nécessaire pour la sûreté de cette Société.

2°. Je doute que la plûpart des Princes de l'Europe aimassent mieux faire une aussi grande dépense en faveur des Polonois, de la Maison d'Autriche, de Malte, & de la République de Venise, que de récevoir le Turc en l'état qu'il est dans l'Union Européenne.

3°. Si la Société entreprenoit une pareille Conquête ; pourquoi ceux dont on augmenteroit le Territoire ne payeroient-ils pas une Rente, jusqu'à remboursement aux autres Etats de l'Europe, à proportion de ce qu'ils auroient contribué pour une pareille Conquête?

XXXIX. OBJECTION.

Les plus puissans Princes auroient sujet de se plaindre de n'avoir pas plus de voix dans les délibérations, que les moins puissans.

RÉPONSE.

Ou ces Princes ne doivent en avoir qu'une, non plus que les moins puissans, ou ils doivent en avoir à proportion de leur contingent : car autrement si vous ne gardez point cette proportion, il arriveroit ou que les Princes médiocres auroient autant de voix que les plus puissans, ce qui feroit un autre inconvénient aussi grand, ou que les moins puissans en auroient autant que les médiocres ; autre inconvénient. Or il est visible que si les plus puissans avoient des voix à proportion de leurs contingens ; dés que quatre ou cinq d'entre eux se liguéroient, ils seroient maîtres de toutes les délibérations, & qui ne voit qu'il n'y auroit plus de *sûreté suffisante* pour les foibles, c'est-à-dire pour le reste de l'Union. Or si l'on détruit la *sûreté suffisante* de l'Union par un seul article, il est inutile de vouloir l'établir par plusieurs autres.

Je crains d'un côté de déplaire, de l'autre je crains encore plus de donner atteinte à la sûreté de l'Union, je crains de détruire ce que tout le monde a tant d'intérêt d'établir; avec toute la solidité possible je le donne au plus habile, c'est un grand embarras d'avoir à concilier pour le même Souverain très-puissant des intérêts entièrement oposés : mais quand cela est impossible, que peut-on faire de plus sage, que d'abandonner l'intérêt, qui ne vaut que dix, pour obtenir celui qui vaut mille fois plus.

XL. OBJECTION.

L'habitude de penser qu'ont les Souverains, & les Ministres d'une maniére fort différente de ce qui est contenu dans ce mémoire, fera toûjours un très-grand obstacle

RÉPONSE.

J'avoüe que c'est là le plus grand obstacle; mais il peut être surmonté 1º. Par l'habitude d'en parler & d'en entendre parler. Or à chaque Guerre il en sera question, ainsi peu-à-peu le Public s'accoûtumera à ces idées.

2º. Je puis peu-à-peu avec le tems, & le secours de mes amis, arriver à mettre les choses à un certain point de clarté & d'évidence que le sentiment qui en naîtra dans l'esprit de ceux, qui étoient prévenus, contre-balancera le penchant que leur donne l'habitude.

XLI. OBJECTION.

La jalousie de métier révoltera tous les Ministres, on répugne à reconnoître en autrui une sorte de supériorité d'esprit dans les choses de sa profession.

RÉPONSE.

1º. J'aurois bien voulu prendre le masque d'un Anglois ou d'un Hollandois, mais comme l'ouvrage avoit besoin de contradicteurs, & qu'il falloit en faire plusieurs ébauches pour être porté à une perfection raisonnable, il n'y avoit pas moyen d'éviter l'inconvénient de la jalousie ; mais ne peut-on pas espérer qu'à la longue, l'esprit de contradiction joint aux raisons que je fournis élevera assez d'Approbateurs pour tenir ferme contre les Censeurs.

2º. Ce n'est pas moi qui suis l'inventeur du Projet, c'est Henry le Grand.

XLII. OBJECTION.

La Paix ne sera pas inaltérable, si plusieurs Souverains peuvent après l'Union faire des ligues pour la détruire.

RÉPONSE.

10. On ne sçauroit se souvenir tant soit peu de ce que j'ai expliqué dans le troisiéme discours, & faire une pareille objection : Car enfin les mêmes motifs qui ont porté à s'unir, subsistent pour empêcher de se désunir. 1°. Les grands biens qu'apporte la perpétuité de la Paix. 2°. Les grands maux que cause la Guerre aux Souverains. 3°. Le risque de perdre sa fortune & celle de sa famille. 4°. Le défaut de sûreté réciproque entre les Princes ligués pour parvenir au succés de leur ligue qui est l'article capital. 5°. Le défaut de sûreté réciproque pour joüir long-tems du succés de leur ligue ; enfin il faudroit pour faire paroître la chose possible supposer que cinq ou six Princes envieux, jaloux les uns des autres de mœurs, d'âge, de Réligion, de sentimens tout differens s'accordassent sur un partage de conquêtes futures, il faudroit supposer qu'ils déviendroient en même tems fous, &

184 *Projet de Paix perpetuelle*, arrivassent tous à un dégré de folie & d'extravagance, tel que l'on ne peut pas même supposer qu'un seul y puisse arriver sans se faire renfermer.

XLIII. OBJECTION.

Il est impossible d'empêcher les Guerres Civiles de naître.

RÉPONSE.

Il sera du moins impossible qu'elles durent ; puisqu'aucun homme un peu habile & un peu sensé n'osera se joindre aux Rébelles, voyant de toutes parts sa ruine prochaine & assûrée; qu'on examine toutes les révoltes qui ont duré, & l'on verra que c'est parce qu'il s'y étoit joint de bonnes têtes ; & peut-on croire que ces bonnes têtes s'y fussent jettées, sans aucune espérance de succés. Or dans la supposition de l'Union pourroient-ils sans cesser d'être sages, & sans cesser d'être *bonnes têtes* espérer du succés dans leur révolte ?

XLIV.

XLIV. OBJECTION.

L'Auteur suppose que la Maison de France peut s'unir présentement avec la Maison d'Autriche pour faire des Conquêtes ensemble. Or qui les empêchera de faire de pareilles ligues après l'Union formée? Ils peuvent convenir de s'attendre mutuellement, & de n'avancer qu'également dans les Conquêtes qu'ils feront chacun de leur côté.

REPONSE.

Toute la force de la réponse tombe sur le défaut de sûreté, jamais la Maison d'Autriche plus foible, ne pourra se fier à la Maison de France plus forte, & n'aura de *sûreté suffisante* contre elle. La fable de la société du Lyon; je ne férois que répéter ce que j'ai déja dit.

XLV. OBJECTION.

L'argent que dépensent l'Officier & le Soldat passe aux Vivandiers, aux Marchands, aux Munitionaires; donc il n'eſt pas perdu, les frais de la Guerre ne ſont pas ſi grands.

RÉPONSE.

Un Prince qui occuperoit dix ans de ſuite trois cens mille hommes à creuſer des lacs, & à les remplir dès qu'ils auroient été creuſez, à faire des montagnes & à les défaire ne feroit donc aucun frais; puiſque l'argent qu'il donneroit aux Ouvriers retourneroit aux Vivandiers & aux autres Marchands. Il eſt vrai que l'argent reſte dans l'Etat; mais la dépenſe n'en eſt pas moins grande, les frais n'en ſont pas moins réels; c'eſt une dépenſe de cent millions qui ne rapporte aucun profit à l'Etat, & une dépenſe ruïneuſe pour l'Etat : vous tenez trois cens mille hommes occupés à faire des choſes inutiles, qui occupés dans les derniéres branches du Commerce, feroient un profit ſuffiſant pour payer leur dépenſe.

XLVI. OBJECTION.

Ne peut-on pas supposer qu'une folle ambition monte à la tête de quelque Souverain ?

RÉPONSE.

Je ne dis pas qu'il soit impossible qu'un Souverain ne devienne extravagant ; mais cela est rare, & il ne suffit pas pour rompre l'Union qu'il y en ait un qui devienne fou, il faut que plusieurs & le plus grand nombre, ou les plus puissans le deviennent en même tems & de la même folie, & qu'ils n'ayent tous nuls égards pour les Conseils de leurs Ministres, & pour les vœux de leurs Sujets, ou que ces Ministres deviennent fous comme eux. Voilà les suppositions qu'il faut faire pour pouvoir penser que l'Union formée & bien établie se dissoudra un jour. Or avec de pareilles suppositions, il n'y a aucun malheur moralement impossible, qu'on ne puisse craindre ; mais ce sont de ces sujets de crainte auſquels aucune perſonne de bon ſens ne ſçauroit ſe réſoudre à faire la moindre attention.

XLVII. OBJECTION.

Une Paix fort longue, une Paix qui aura duré deux ou trois ſiécles en Europe, aura tellement effacé toutes les idées des malheurs de la Guerre, que ce que l'on en contera alors, ne fera preſque plus d'impreſſion ſur les eſprits; on ſera ſi accoûtumé aux biens dont l'Europe abondera, que l'on ne fera preſque plus d'attention à la multitude, & à la grandeur de ces biens, & bien moins à la véritable ſource d'où ils procédent, qui eſt l'Union & la Paix. Ainſi il ne ſera pas étonnant que les folles idées d'ambition s'emparent alors de la plûpart des eſprits.

REPONSE.

Il eſt à propos de faire attention à cette objection; car elle eſt fondée ſur l'indolence que produit l'habitude, & c'est la nature même; mais il n'est pas impossible de trouver les moyens les plus propres de remettre devant les yeux de la postérité la peinture au vrai de tous nos malheurs passés. 1°. Par des histoires exactes, & bien circonstantiées. 2ᵉ. Par un Etat des Souverainetés particuliéres de l'Europe, de leurs revenus, de leurs dettes avant l'établissement de la Société. 3°. Ordonner qu'on fera un Régistre exact de ce qui s'est fait d'utile durant chaque Régne, Réglemens, Etablissemens, Canaux, Ports, Edifices, Payemens de Dettes; & que tous les dix ans chaque Souverain en fera remettre un Etat à la Ville de Paix.

XLVIII. OBJECTION.

Ce Projet d'Union a beau devenir public, on a beau l'imprimer en toutes les langues vivantes, & répandre dans toutes les Villes de l'Europe, les Républiques; les Princes moins puissans; & entre les puissans, les Princes pacifiques l'approuveront. Mais la plûpart des autres Princes ne le liront jamais; il y a même apparence qu'ils n'en feront jamais inſtruits à fond. Les Princes à l'égard de la fortune ont bien des avantages au-deſſus des Particuliers; mais l'expérience nous apprend qu'à l'égard de la verité, les Particuliers ont bien des avantages au deſſus des Princes, les Particuliers ont des égaux, ils ont même des ſupérieurs; ainſi ils ont l'avantage d'être contredits en une infinité de choſes dans leurs opinions, & en toute liberté. Or c'eſt des entrailles de la contradiction que la vérité ſe plaît à ſortir, ſurtout quand elle veut être accompagnée de l'évidence & de la certitude: nous ſommes tous payez par la nature pour contredire nos égaux & nos inférieurs, & nul n'eſt payé pour contredire ſon Souverain: la vérité a beau faire des efforts pour paroître devant les Souverains, on la barre de tous côtez, & il en coûte ordinairement ſi cher à ceux qui portent la lumiére, que cela rebute tous ceux qui auroient envie d'en faire part aux Princes.

RÉPONSE.

Il peut se rencontrer en Europe des Princes puissans, qui soient justes, sages & pacifiques; de l'aveu même de celui qui fait l'objection, il y a en Europe plusieurs Princes moins puissans, plusieurs Républiques, plusieurs États à demi Républicains : or tous ces Souverains sont ou égaux, ou même supérieurs aux autres Souverains, & ils sont payez, ou plûtôt ils sont fort interessez à faire examiner le Projet par les Princes à qui leurs Ministres l'auroient ou caché, ou déguisé ; ainsi voilà pour ces Princes assés de contradicteurs, pour les obliger sur cet article à recevoir la verité, & une verité qui doit leur être si avantageuse.

XLIX. OBJECTION.

L'Auteur a, ce me semble, démontré que tous les Princes même les plus puissans ont un très-grand interest à signer le Traité d'Union; mais il ne l'a démontré que pour des esprits du premier ordre, attentifs & raisonnables : or quelle apparence que la vérité, la beauté, & l'utilité du Projet soit jamais apperçûë par des Princes qui ne sont pas assez intelligens, & au milieu du tumulte, & de l'obscurité que causent les passions ?

RÉPONSE.

1°. J'ay déja dit qu'il se peu trouver en Europe de nôtre tems des Princes assez intelligens & assez raisonnables, même parmi les plus puissans, pour être sensibles à cette démonstration.

2°. Il n'est pas vray qu'il soit nécessaire d'être ny d'un esprit du premier ordre, ny exempt de passions, pour appercevoir la force de démonstration : Quantité de Lecteurs, qui ne sont pas des esprits du premier ordre, & qui ne sont pas si interessez à l'appercevoir que les Souverains, l'ont sentie, l'ont apperçûë.

3°.

30. Il y a un grand nombre d'occasions, où un homme médiocrement prudent prendra sans balancer le même parti que prendroit le plus habile homme du monde; lorsque tous les avantages & les désavantages de chaque parti sont mis en un certain dégré d'évidence; & lorsque par la simple comparaison, & par le simple balancement il est impossible de ne pas remarquer que l'un des partis l'emporte de beaucoup sur l'autre, c'est qu'il n'est pas nécessaire au médiocrement habile, pour se déterminer, de sçavoir précisément, comme le sçait le plus habile, de combien le bon parti l'emporte : il luy suffit de sçavoir en gros qu'il l'emporte, & qu'il l'emporte considérablement. Ainsi il n'est pas nécessaire d'être si habile & si prudent que Henry IV. pour prendre le même parti que luy : ainsi rien n'empêche tous les Princes d'Europe, & même les plus puissans d'approuver ce Projet. Un Prince habile fait avec quelques voisins une Ligue offensive & défensive, pour se mettre en sûreté

contre un autre voisin très-puissant & très-ambitieux: ce parti est si évidemment le seul bon à prendre, qu'un autre vingt fois moins habile n'auroit pas hésité à le prendre également comme lui.

4°. Ceux qui supposent dans les Souverains moins de lumiéres que dans le commun des autres hommes, sous prétexte qu'ils sont entourez de flatteurs, qui ont grand soin d'éloigner toutes les véritez qui pourroient déplaire, ne font pas d'attention que ces Princes sont aussi entourez de gens très-capables, & de bon conseil, esprits fins & déliez, qui sont payez pour faire entrer toutes les véritez qui peuvent plaire: or quelles véritez peuvent plus plaire, que la démonstration sensible des avantages immenses & solides qu'ils tireroient d'une Paix inaltérable? Les Princes sont aussi intéressez & aussi éclairez sur leurs intérêts, que les autres hommes: & dans une occasion où il ne faut que peu de lumiéres pour bien choisir, pourquoi soûtenir qu'il est sûr qu'ils choisiront mal?

Enfin il ne s'agit pas de déterminer le tems où se commencera l'Union, ni le tems où elle se consommera ; il s'agit sçavoir si de vingt-quatre Souverains il ne s'en rencontrera jamais deux en même tems qui soient assez sages pour signer ce Projet, & s'ils ne pourront point trouver en un an de moment favorable où quelqu'un des vingt-deux autres Souverains ne soient point dans un accez de folie, & dans lequel il puisse appercevoir au moins la dixiéme partie des avantages qu'on lui propose.

L. OBJECTION.

Puisque la Maison de France gagneroit infiniment de son côté au Traité d'Union, pourquoi l'Auteur veut-il obliger les Anglois & les Hollandois à lui restituer, & faire restituer les Provinces & les Places qu'elle a perduës ?

RÉPONSE.

1°. On a dépossedé la Maison de

France contre la justice ; car elle étoit en possession, & avoit droit à la possession.

2°. N'est-il pas raisonnable pour faire entrer quelqu'un dans un Traité que ceux qui y gagnent plus que lui, fassent sa condition encore meilleure, surtout quand c'est particuliérement aux dépens d'un tiers, qui a usurpé par force & par leur secours. Or les Anglois & les Hollandois conviennent d'un côté que les Souverains les plus puissans, quoiqu'ils gagnent beaucoup au Traité d'Union, y gagnent cependant beaucoup moins que les moins puissans : & de l'autre ils sçavent que dans la Paix ceux qui font le plus grand Commerce font aussi les plus grands profits. Ainsi quand je dis que pour ses considérations ils doivent restituer, & faire restituer à la Maison de France ce qu'on lui a enlevé, je ne propose rien que de raisonnable, & de très-équitable : or la raison & l'équité ne sont-elles pas les fondemens les plus solides des Traitez ?

LI. OBJECTION.

Un Prince ne voudra jamais entrer dans un Traité d'Union au hazard d'être puni par le Ban de la République Européenne.

RÉPONSE.

J'ai déja répondu ailleurs à cette objection; mais il ne sera pas inutile de fortifier encore la réponse.

1º. Si en entrant dans l'Union ce Prince voit tous les avantages, il est impossible qu'il lui vienne jamais de désir de s'en séparer, & de la détruire : or il n'y entrera qu'après avoir vû tous ces avantages.

2º. C'est à peu près comme si un Marchand s'engageoit à perdre tout son bien, en cas qu'il fût assez fou pour faire abîmer un de ses Vaisseaux, où seroit la moitié de ses richesses, cet homme risqueroit-il la moindre chose à un pareil engagement?

Mais, dira-t-on, les Souverains ne sont pas infaillibles dans leurs jugemens, & les trois quarts des voix peuvent déclarer sans raison un Souverain ennemi de l'Union.

On peut bien dire en général que les hommes ne sont pas infaillibles dans leurs jugemens, mais c'est dans des choses où il y a quelque obscurité ; car on peut dire que lorsqu'il s'agira de choses évidentes, ils sont parfaitement infaillibles : on a beau imaginer des raisons de douter, on ne se persuadera jamais que s'il s'agit de déterminer si une muraille est fort blanche ou fort noire au même endroit, de vingt-trois Juges il y en ait les trois quarts qui décideront pour le faux.

Or il ne sera pas plus possible d'imaginer que de ces vingt-quatre Souverains les trois quarts décident évidemment contre leurs plus grands intérêts, que d'imaginer qu'ils se trompent à décider entre très-blanc & très-noir d'un endroit d'une muraille : or sera-t-il moins évident, que d'enfreindre évidemment les Loix fondamentales de l'Union, c'est la détruire, & que la

pour l'Europe. 199
détruire, c'est aller contre leurs plus grands intérêts ?

Tel est l'avantage d'un Système vrai & solide : qu'on le régarde de tous les côtez, à toutes sortes de jours, la vérité se montre bien-tôt : toutes les parties se tiennent mutuellement, & c'est ce qui en fait la solidité. Mais les objections ont cela d'utile, elles font l'effet des grands vents, des grands orages ; elles mettent les opinions à l'épreuve, elles les combattent de tous les côtez ; mais quand on voit que plus elles sont combattuës, plus elles deviennent lumineuses, leur nouveauté ne paroît plus suspecte, & on les embrasse avec assûrance.

LII. OBJECTION.

On voit bien plus de passions & plus vives pour le Système de la Guerre que pour le Système de la Paix.

R iiij.

RÉPONSE.

1º. Il faut conter que les Princes moins puissans ont bien plus de crainte que d'espérance, & que la crainte est une passion fort vive.

2º. Que les Républiques mêmes puissantes sont bien plus touchées de la crainte de voir leur Commerce perdu & interrompu, que de l'espérance de conquerir.

3º. Qu'il y a des Princes fort puissans, pacifiques ou par âge, ou par sagesse, ou par tempérament, & qui craignent plus les inquiétudes, les soins, les peines de la Guerre, qu'ils ne sont touchez des agrandissemens qu'ils pourroient en espérer.

4º. Ceux qui sont touchez vivement de la beauté de certains desseins qu'ils ne peuvent cependant jamais éxécuter que dans une longue & profonde Paix, souhaiteront bien plus la Paix que la Guerre; de sorte que l'on peut dire qu'il y a plus de passions & plus vives qui conseillent la Paix inaltérable, qu'il n'y en a qui conseillent la Guerre perpétuelle.

LIII OBJECTION.

Je suppose, m'a-t-on dit, que l'Union de l'Europe soit formée, que le Czar comme Chrétien soit un des Membres, que l'Empereur des Turcs soit Associé, que l'Union Européenne ait ainsi subsisté en Paix cent cinquante ans, tandis que les Princes Tartares auront eu des Guerres entre eux, ou les Chinois contre les Tartares, ou les Princes Arabes contre les Persans, ou les Persans contre les Mogols : alors ne peut-il pas arriver qu'un Prince Tartare, qu'un Prince Arabe, qu'un Roi de Perse, ayant par sa valeur, & par sa conduite subjugué tous ses voisins, tourne tout d'un coup toutes ses Troupes aguérries contre la Moscovie, contre la Turquie, & que ne trouvant plus nulle pratique de la Discipline Militaire, nulles Troupes Européennes aguérries, il ne se répande comme un torrent impétueux dans toute l'Europe, &

n'en fasse la Conquête avec la même facilité & la même impétuosité, que les Princes des Gots & des Wandales subjuguérent les plus belles & les plus vastes Provinces de l'Empire Romain; l'Union Européenne garantiroit à la vérité ses Membres de toute Guerre entre eux, mais elle ne les garantiroit pas de l'invasion d'un Conquerant Tartare, d'un Conquerant Chinois, d'un Conquerant Arabe, d'un Conquerant Persan : il y auroit donc *sureté suffisante* contre l'ambition des Souverains de l'Union, mais l'Union elle-même n'auroit pas *sureté suffisante* contre les Souverains voisins du Moscovite & du Turc, à moins qu'ils n'entrassent encore un jour les uns après les autres dans la Société Européenne, ce qui est impossible, à cause de leur excessif éloignement. Ainsi ou l'Union proposée n'est pas suffisament solide, puisqu'elle peut être détruite, ou si on la veut faire suffisament solide en embrassant les Tartares, les Chinois, les Persans & les Mogols, elle devient impraticable par sa trop vaste étendue.

RÉPONSE.

1°. Cette objection ne manque pas de vrai-semblance, & c'étoit pour la prévenir que dans la premiére & dans la seconde ébauche j'avois laissé place dans le Traité d'Union pour les Souverains d'Asie & d'Afrique, qui y voudroient entrer ; mais de la maniére dont je proposois la chose, si elle n'étoit pas absolument impossible dans la pratique, au moins étoit-elle très-difficile, à cause du prodigieux éloignement : mais j'ai depuis imaginé des moyens de rendre cette Union praticable : j'en dirai ici seulement un mot en abrégé.

Je suppose que l'Union de l'Europe étant formée, cette Union propose aux Princes d'Asie d'en former une semblable dans une Ville libre entre la Mer Caspienne & les Montagnes de la Chine, comme Samarcande, que le Moscovite y aura une voix, le Persan, le Mogol, le Chinois, chacun une voix, les Princes Arabes une voix, les Princes Tartares trois voix, Siam, Cochinchine, chacun une voix, les autres Souverains des Terres & des Isles d'Asie trois voix: le Turc comme Prince Asiatique une voix, le Moscovite une voix, les Hollandois, les François, les Espagnols, les Anglois, les Portugais, à cause de leur commerce & de leurs Etablissemens Souverains en Asie, chacun une voix. L'Union Asiatique seroit formée, 1º. Pour entrétenir la Paix entre tous ses Membres. 2º. Pour entrétenir aussi la Paix entre elle & l'Union Européenne ; je montrerai facilement qu'il n'y auroit pas plus de difficultez à former l'Union Asiatique, que l'Union Européenne, & qu'il y en auroit moins & des moins grandes.

2º. Mais quand il seroit impossible de former l'Union Asiatique sur le modéle de l'Union Européenne, il me semble qu'il seroit facile de trouver des sûretez pour le Moscovite contre les Chinois, & contre les Tartares, pour le Turc contre les Persans & contre les Arabes; car l'Union peut entrétenir deux

Corps de Troupes & des Colonies de diverses Nations d'Europe sur les Frontiéres de Moscovie & de Turquie, avec cette attention qu'il faudroit en entrétenir un tiers plus que les Souverains Asiatiques voisins, & diminuer le nombre de celles de l'Union à proportion que ces Princes diminueroient le nombre des leurs, & afin que les Troupes des Souverains Asiatiques ne puissent s'aguerrir plus que les nôtres, l'Union par son Général & par ses Commissaires offriroit sa médiation aux Souverains qui séroient prêts d'entrer en Guerre, & agiroit contre celui qui réfuseroit sa médiation, & qui ne voudroit pas éxécuter son Jugement Arbitral : or il est évident qu'ayant de cette sorte la supériorité du nombre & *l'égalité* du côté de *l'aguerrissement*, l'Union Européenne auroit *sûreté suffisante* contre toute invasion des Princes Asiatiques; car enfin ou leurs Troupes ne s'aguerriroient point, ou les nôtres s'aguerriroient en même-tems ; ainsi toute la force de l'objection tombe avec la fausse suppofition, que les nôtres ne pourroient s'aguerrir.

Mais, m'a-t-on dit, est-il impossible que le Généralissime de l'Europe ne se révolte contre l'Union même ? Ne se peut-il pas même joindre dans cette vûë à quelque Prince Asiatique ? 1º. Le Généralissime n'aura point de crédit sur les Troupes des Alliez, puisqu'il n'aura pas le crédit de faire aucun Officier : il n'aura pas même le crédit de destituer le Trésorier, ni l'Intendant : il ne pourra de même rien faire d'important sans l'avis des deux Commissaires de l'Union, qui seront ses Vice-Généraux. 2º. Il sera ordinairement du Territoire de l'Union, ou Sujet de quelque République. Ainsi il ne pourra se fier à aucune des Nations qui le régarderont comme Etranger, & qui ayant des récompenses à espérer de leurs services dans leur Païs, comme Dignitez & Pensions, ne pourroient pas être tentez par de vaines espérances. 3º. Il faudroit gagner plus de la moitié des Généraux des Nations, ce qui est impraticable.

4º. Le Général de chaque Nation ne dispose pas entierement des Troupes de sa Nation, puisqu'il ne nomme aucun Officier, & que pour remplacer un Officier tout se fait à la pluralité des voix des Officiers. 5º. L'argent nécessaire pour l'Armée arrive tous les mois : or si le cours de cet argent étoit interrompu, l'Armée seroit bien-tôt dissipée. 6º. L'Union choisira son Général entre les plus sensez ; or un Projet impossile, aussi odieux, aussi extravagant peut-il jamais tomber dans une tête fort sensée ?

LIV. OBJECTION.

L'opulence du Peuple le dispose à la révolte.

REPONSE.

Je sçai que dans plusieurs Etats on prend cette opinion, quoique fausse, ou pour raison, ou pour prétextes des grandes impositions que l'on fait sur les Peuples ; mais,

1º. Ce ne sont presque jamais

ceux qui ont quelque chose à perdre qui excitent les révoltes, ou qui s'y joignent, ce sont au contraire des avanturiers nez sans bien, ou gens qui ont gâté leurs affaires dans le repos, qui espérent les rétablir dans le trouble, & qui trouvant l'état où ils se trouvent, insuportable, ne respirent qu'après quelque révolution,& quelque changement dans les affaires du Gouvernement.

2º. Il faudroit que tous les avanturiers des Etats voisins se donnassent le mot pour se révolter en même-temps; car sans cela les Troupes des Membres de l'Union en se joignant auront bien-tôt éteint l'embrasement & dissipé les boutefeux.

3º. A toute révolte il faut des Chefs intelligens pour la rendre durable : or qui des Seigneurs opulens voudra hazarder sa fortune & sa vie dans une affaire qui ne sçauroit avoir un succez durable ?

4º. L'opulence est bien plus capable d'amolir les courages, que de les pousser dans les dangers.

5º. Si les révoltes sont à craindre dans un Etat, c'est bien plûtôt lors-que

que les Peuples sont dans l'indigence, & pressez de la misére, que lorsqu'ils sont amolis par la volupté & par l'abondance : donc il y aura de ce côté-là encore moins de révolte à craindre dans le Systême de la Paix, ou de l'abondance, que dans le Systême de la Guerre ou de l'indigence.

Or comme après l'établissement de la Societé aucun Souverain n'aura rien à craindre du côté de ses Sujets, aucun ne pourra tirer de leur opulence aucune raison, ni aucun prétexte pour les tenir dans la pauvreté, ce qui est une situation désirable pour un bon Prince, & un grand bonheur pour ses Sujets; ainsi ils profiteront de la douceur de son régne pour doubler leurs revenus, & il profitera lui-même à proportion de cette augmentation ; puisque s'il prend pour subsides ordinaires une certaine portion de leur revenu, lorsqu'ils seront parvenus à doubler le leur, il sera parvenu à doubler le sien ; & rien n'est mieux imaginé pour la felicité d'un Etat, que d'interesser ainsi le Souverain à augmenter le revenu de ses Sujets.

LV. OBJECTION.

Je trouve (m'a-t-on dit) vôtre Projet fort raisonnable ; un pareil Traité seroit infiniment avantageux pour tous les Souverains : beaucoup d'autres Particuliers en jugeront de la même maniére ; mais que serviront tous ces Jugemens de Particuliers ; il n'est pas moins vrai que ces Souverains n'en jugeront point ainsi, & qu'ils ne signeront jamais.

RÉPONSE.

1º. Il me semble que pour rendre cette objection concluante, il faudroit prouver qu'il n'y aura aucun Souverain assez éclairé & assez vif pour ses propres interêts pour appercevoir ces avantages. Or sans cela la prédiction, & par conséquent l'objection n'a aucun fondement.

LVI. OBJECTION.

On m'a dit que pour faire réüssir cet Ouvrage il eût fallu moins approfondir la matiére & ne point répondre aux objections, afin d'exciter les Ecrivains contradicteurs; que le Public auroit alors pris part à la querelle, comme Juge curieux ; d'ailleurs ne faut-il pas laisser aux Lecteurs de la besogne à faire, afin qu'en trouvant d'eux-même de quoi soûtenir l'ouvrage, ils s'interessent davantage à le faire valoir ?

RÉPONSE.

1º. Si c'est un mal d'avoir approfondi la matiére, il est fait ; ainsi il n'y a plus de reméde.

2º. J'avois à profiter des conjonctures des affaires de l'Europe. Et le tems ne me permettoit pas d'attendre des contradicteurs publics.

3º. La matiére est d'elle-même assez intéressante pour le public, sans avoir besoin de l'interesser comme spectateur curieux, & comme Juge d'un combat d'Ecrivains.

4º. S'il y a des Lecteurs qui demandent qu'on leur laisse à inventer, & qu'on ne fasse que leur tailler de la besogne pour penser, il y en a beaucoup plus qui aiment besogne faite, & à voir les choses toutes dévelopées.

5º. Si plusieurs ont traité cet ouvrage de chimerique, & d'impossible dans la pratique, lors même que je mettrois devant les yeux beaucoup de moyens proportionnez au dessein, & lorsque je leur levois toutes les difficultés; à combien plus forte raison se seroient-ils récriés, si je ne m'étois point apliqué à éclaircir toutes les difficultés? Ainsi jusques-là je ne sçaurois encore me répentir d'avoir tâché d'ôter d'une route nouvellement défrichée, tout ce qui peut embarasser ceux qui seroient bien aise de la suivre.

6º. Il n'est pas question de plaire, & d'amuser les esprits oisifs, il est question de dire simplement ce que l'on croit propre à faire cesser le mal present, & à prévenir les maux futurs.

LVII. OBJECTION.

L'ouvrage est trop long ; le Lecteur a oublié à la fin ce qu'il a compris au commencement.

RÉPONSE.

1°. Je crains effectivement d'être trop long pour les esprits excellens; mais je crains encore d'être trop court pour les esprits médiocres, peu instruits de ces matiéres, qui même avec toute l'attention dont ils sont capables, & avec tous les éclaircissemens qu'on leur fournit, rencontrent encore beaucoup de difficultés, qui ne sont pas tant dans la chose que dans leur esprit : cependant ceux-cy sont les plus nombreux, les plus forts, & souvent ce sont eux seuls, qui dans certains Etats ont les Places où tout se décide.

2°. J'ai éprouvé que d'excellens esprits trop occupés d'affaires journalieres, ne pouvoient apporter à ces sortes de lectures qu'une attention trés-partagée, & que de ce côté là par le défaut de leur situation, ils se trouvent presque au même point de vûë que ces esprits médiocres, qui par leur situation tranquille peuvent disposer de toute l'attention, & de toute la force de leur esprit.

3º. Quand on est venu à marquer les retranchemens, qu'il seroit à propos de faire en faveur des plus habiles, on a trouvé que cela ne leur épargneroit pas une heure de lecture, & encore cette heure ne leur est-elle pas tout-à-fait inutile: car enfin qui doute que le genie le plus sublime n'entre d'autant plus profondément dans le Système, à mesure qu'il met plus de tems à penser aux choses qui y ont du rapport?

4º. L'ouvrage vous a-t-il persuadé? Oüi. Il n'est donc pas trop long pour vous? Puisque je ne visois qu'à vous persuader, & que j'y ay réüssi. L'ouvrage ne vous a-t-il point persuadé? Non. Il y manque donc encore quelque chose de ce qui auroit été nécessaire pour vous persuader ; ainsi loin d'être trop long, il est encore trop court pour vous, & pour tous ceux qui sont à vôtre point de vûë.

50. Si c'étoit ici un ouvrage de pur agrément, je demanderois, a-t-il paru trop long ? A-t-il ennuyé? Mais pour un sujet de la derniere importance va-t-on disputer sur une heure de lecture de plus ou de moins ? Le Ministre le plus occupé lit tous les jours des Mémoires: aucun de ces écrits n'est-il trop long d'une dixiéme partie ? Mais le Ministre daigne-t-il quand la matiére est importante faire attention à ce petit défaut ? Or qu'on ramasse ce qu'il en a lû en un mois, & l'on verra que tous ensemble, ne sont pas le quart si importans que l'est celui-ci, & qu'il a employé quatre fois plus de tems à les lire, qu'il n'en employera à lire celui-ci.

LVIII. OBJECTION.

Sans donner aucun pouvoir aux Sénateurs d'envoyer des Ambassadeurs, des Visiteurs, & de nommer les Députés des Chambres frontiéres, je devois me contenter (m'a-t-on dit) de ne leur donner que le même pouvoir qu'ont les Députés à la Diéte de Francfort, dés que les Souverains d'Europe auroient fait ce pas, ils verroient peu-à-peu qu'il seroit necessaire d'ajoûter, à la forme de l'Union plusieurs choses que l'on indique dans l'ouvrage pour la sûreté commune.

RÉPONSE.

Je conviens de toutes ces choses; mais j'ai plus crains que si je laissois beaucoup d'obstacles sans indiquer les moyens de les surmonter, les Souverains & les Ministres ne se rébutassent du Projet par les difficultés que je n'ai esperé qu'ils s'y interesseroient par la gloire de devenir eux-mêmes inventeurs de quelque chose.

Au reste la Chambre Impériale de Spire, transferée en 1692. à Vetzlar, qui réprésente tous les Souverains du Corps Germanique, & qui forme comme une espéce de Diéte perpétuelle

perpétuelle pour juger les Procez qui naiffent, ou entre les Sujets de divers Souverains, ou entre les Souverains eux-mêmes eft une excellente idée : mais outre les défauts eſſentiels que nous avons déja marqués, elle en a encore d'autres, qu'il eft important d'éviter.

1º. Cette Chambre eft compofée de cinquante-cinq Juges, & ce grand nombre fait un grand embarras.

2º. Il y a un Préfident perpétuel, au lieu de faire circuler la Préfidence comme en Hollande ; & ce Préfident eft nommé par l'Empereur.

3º. Il devroit y avoir plufieurs Chambres Frontiéres, fur tout dans les Cercles où il y a un plus grand nombre de Souverainetés, comme en Suabe & en Franconie, pour juger des Sujets de différentes Souverainetés, & réferver la Chambre Impériale pour les differens de Souveraineté à Souveraineté.

4º. La Chambre Aulique eft pernicieufe à l'autorité de la Chambre Impériale, parce qu'elle a même droit, & même autorité qu'elle,

Tome II. T

& que les membres sont tous nommés uniquement par l'Empereur; ainsi c'est proprement l'Empereur qui est Juge entre les Souverains, ce qui est fort oposé à la liberté. Ils pourroient de leurs Députés n'attendre que des Jugemens trés-équitables, parce qu'ils sont intéressez à ne suivre que l'équité dans leurs Jugemens, & leurs Jugemens étans dirigez par une régle invariable seroient eux-mêmes uniformes, au lieu que les Jugemens de la Chambre Aulique des Empereurs sont pour l'ordinaire partiaux, & très-oposez les uns aux autres.

5°. C'est un autre grand abus que d'avoir introduit dans les cas importans l'Apel à l'Empereur, c'est ruiner entiérement l'autorité de la Chambre Impériale.

6°. Cette diminution d'autorité a fait que plusieurs Cercles ont négligé de payer les appointemens de leurs Députez, comme dépenses inutiles: aussi à peine se trouve-t-il à cette Chambre le tiers de ces cinquante-cinq Juges. Il étoit de l'interest du Corps Germanique d'en soûtenir & d'en augmenter le pouvoir; mais il étoit de l'interêt de l'Empereur, de la ruiner, & d'en attirer à lui toute l'autorité : la jalousie & la défunion des membres a favorisé de tems en tems l'Empereur, & ce salutaire établissement, qui eût subsisté, s'il n'eut point eu un adversaire perpétuel, & toûjours attentif à en ruiner les fondemens, est présentement sur le penchant de sa ruine : cependant tout délabré, tout défectueux qu'il est, il faut l'avoüer; c'est encore un des plus beaux modéles que l'esprit le plus sublime puisse se proposer pour le bonheur du genre humain, & plus on y pensera, plus on sera persuadé qu'il n'est pas moins aisé pour le Projet d'Union de l'Europe, de suivre ce qu'il y a d'excellent dans cet établissement, que d'en éviter les défauts.

LIX. OBJECTION.

Il est certain que dans le Systême de la Société Européenne, les Souverains augmenteroient très-considérablement leur autorité sur leurs

Sujets ; mais aussi ils auront un frein de moins pour les empêcher de devenir tyrans, c'est qu'ils ne craindront plus les séditions, les révoltes, les Guerres Civiles ; de sorte que s'ils gagnent à cet établissement, leurs Sujets y perdront.

RÉPONSE.

1°. Il est vray que la tyrannie est une maladie, où les Monarchies sont sujettes : il est vrai aussi que les Souverains craignent les séditions ; mais dans le Système de la Guerre cette crainte n'est presque pas un frein contre l'abus de leur propre pouvoir ; ainsi on peut dire, que les grandes tyrannies ne sont pas moins à craindre dans le Système de la Guerre que dans le Système de la Paix ; puisque si dans l'un le Souverain tire une sûreté infaillible de la protection de l'Union, il tire dans l'autre sa sûreté du nombre de ses Troupes ; ainsi pour contenir le Souverain dans les bornes de la raison, le frein de la crainte des séditions n'est pas plus fort dans le

Systême de la Guerre, que dans le Systême de la Paix.

2º. Quand les Sujets n'ont pour prévenir la tyrannie, ou pour en arrêter le cours que la sédition, la révolte, la Guerre Civile, c'est un préservatif, c'est un reméde pire sans comparaison que le mal même ; ainsi ce n'est rien ôter aux Sujets, que de leur ôter un pareil reméde, & c'est même leur donner beaucoup, que de leur ôter pour jamais jusqu'à la tentation de s'en servir : donc de ce côté-là le Systême de la Paix est plus avantageux pour les Peuples, que le Systême de la Guerre.

3º. Comme par la Paix perpétuelle ses Sujets auront un Commerce la moitié plus grand avec leurs voisins, & que presque tous ceux qui étoient employés dans les armes, s'employeront dans le Commerce ; les Ports & les Villes Frontiéres seront bien plus peuplées de Marchands, le nombre des Négocians s'y doublera, la plus grande partie des richesses de l'Etat sera entre leurs mains, & il leur sera d'autant

T iij

plus facile de se transplanter, qu'ils ont presque tous leur bien en effets transportables. Or s'ils se trouvoient surchargez d'Impôts, de Taxes, accablez de demandes, de véxations de la part des Financiers du Souverain, qui doute que la plûpart passeroient insensiblement avec leurs familles, leurs richesses, leurs marchandises, & leur industrie dans les Villes voisines, dans les Ports voisins des autres Etats. Or quelle prodigieuse perte une conduite tyrannique n'apporteroit-elle point au Tyran? Il est sensible que cette perte, & par conséquent la crainte de cette perte seroit beaucoup plus grande pour un Souverain dans le Systême de la Paix, que dans le Systême de la Guerre; ainsi ce seroit de ce côté-là un frein de plus pour l'empêcher de devenir Tyran : donc de ce côté là la tyrannie est moins à craindre dans le Systême de la Guerre que dans le Systême de la Paix.

4°. Comme la différence de traitement de la part des Souverains opéreroit infailliblement ces transmigrations, comme nous voyons les familles sujettes à la taille arbitraire, persécutez par les Collecteurs se réfugier & se transplanter dans les Villes abonnées ; il est évident qu'il naîtroit bien-tôt entre les Souverains une loüable émulation, à qui traiteroit mieux ses Sujets, à qui feroit des Loix plus commodes, des établissemens plus avantageux pour attirer dans leurs Etats plus de familles étrangéres, & cette émulation si utile à chaque Souverain, feroit encore infiniment plus utile à leurs Sujets.

50. Il y a deux sortes de mauvais traitemens considérables de la part d'un tyran, les impositions excessives à l'égard du Peuple; & les cruautés à l'égard de quelques Sujets qu'il sacrifie, ou à sa haine, ou à ses soupçons. A l'égard du prémier chef, il regarde la nation entiére; mais il y a quatre considérations qui en doivent beaucoup diminuer la crainte pour le Systême de la Paix : la premiére, c'est que dans le Systême de la Guerre, il n'y a pas moins à craindre. La séconde, c'est

T iiij.

que dans le Syftême de la Guerre le tiran a de plus le prétexte de la Guerre pour en augmenter les impôts, ou pour en établir de nouveaux, & les nouvaux une fois établis, ils reftent en partie fur le prétexte d'acquitter les dettes. La troifiéme, c'eft que les impôts d'un tyran ne monteront jamais fi haut dans le Syftême de la Paix, que les impôts d'un Roi jufte & humain dans le Syftême de la Guerre. La quatriéme, c'eft que dans la tyrannie le commerce du dedans, ni le commerce du dehors ne font point interrompus. Or c'eft dans la plûpart des Nations au moins la moitié du révenu de l'Etat; ainfi dans la tyrannie du Syftême de la Paix on aura des impôts beaucoup moins péfans, & on aura le double de facilité de payer les impôts que dans un bon gouvernement du Syftême de la Guerre.

6o. A l'égard des cruautés, des exils, des morts ordonnées par un tyran, il y a de même plufieurs confidération en faveur du Syftême de la Paix. 1º. Il n'y a pas moins de tyrans dans le Systême de la Guerre. 2°. Ces cruautés, ces exils, ces morts ne regardent pas le gros du Peuple, mais seulement quelques familles, & cela également dans les deux Systêmes: Or il y a de plus des sujets d'affliction dans le Systême de la Guerre, les cruautés, les violences qui s'exercent à la Guerre, soit sur mer, soit sur terre, soit par les Partisans, soit par les Corsaires, & dans les pillages des Villes. 3°. Il y a de plus le nombre des morts de la Noblesse & du Peuple que l'on tuë sans miséricorde dans les combats; Ainsi il y a bien plus de familles à plaindre & désolées dans le meilleur gouvernement dans le Systême de la Guerre, qu'il n'y en peut jamais avoir dans le gouvernement le plus tyrannique du Systême de la Paix. 4°. Outre les cruautés & les morts, qui sont en plus grand nombre dans le gouvernement le plus doux du Systême de la Guerre, il y a encore plusieurs maux du Systême de la Guerre qui ne se trouvent point même dans un gouvernement tyrannique du Syſtême de la Paix, ce ſont les fouragemens des frontiéres, les bois coupés, les maiſons pillées, les embraſemens des Villages, des Bourgs, des Villes.

7º. Les tyrannies ſont des maladies paſſagéres, les tyrans meurent, & ne le ſont pas même ſouvent pendant tout leur régne : Auguſte ceſſa de l'être, Néron ne le fut pas dans les premiéres années, il s'en faut bien même que parmi les Souverains il s'en trouve le quart de tyrans dans une même Monarchie, & il n'y en a pas moins dans le Syſtême de la Guerre, qu'il y en aura dans le Syſtême de la Paix; ainſi que l'on compare un ſiécle du Syſtême de la Guerre à un ſiécle du Syſtême de la Paix, pour une même Monarchie, & l'on verra clairement qu'à tout prendre, quand il dévroit y avoir un plus grand nombre de tyrans dans le Syſtême de la Paix, que dans le Syſtême de la Guerre, la tyrannie du Syſtême de la Paix ſeroit encore infiniment préférable aux tyrannies du Syſtême de la Guerre.

8°. Non-seulement les Monarchies y gagnent beaucoup à tout prendre du côté de la tyrannie: mais il est visible que les Républiques & les Sujets des Etats, qui tiennent du gouvernement Républiquain y gagnent sans y perdre; puisqu'ils n'ont aucun tems de tyrannie à craindre: ainsi en général tous les Sujets d'Europe trouvent des avantages évidens malgré tout ce qu'ils peuvent raisonnablement craindre de l'idée vaine & frivole du plus de tyrannie.

9°. Il est certain que dans le Système de la Paix les mœurs seroient moins féroces, plus douces, que la Réligion seroit plus écoutée, le vice plus haï, plus méprisé, & la vertu plus honorée, plus suivie: or ces mœurs, qui seroient communes parmi les Sujets, opéreroient nécessairement dans les esprits même des Souverains une plus grande disposition à la justice, à l'humanité, par conséquent un plus grand éloignement pour la tyrannie.

10°. Si l'on y prend garde, ce qui a le plus excité la cruauté des tyrans, ç'a été la crainte qu'ils avoient de ceux qu'ils perſécutoient, ou à qui ils avoient commencé de faire des injuſtices. Or dans le Syſtême de la Paix le Souverain aſſûré d'une protection puiſſante, peut-il craindre aucun de ſes Sujets? Les hommes s'en tiennent aiſément au mépris pour ceux qu'ils ne ſçauroient jamais craindre, & dans leſquels ils ne ſçauroient imaginer aucune réſiſtance à leurs volontés; ainſi la cruauté ceſſera dés que les cauſes de la cruauté ceſſeront: La tyrannie eſt donc moins à craindre de ce côté-là dans le Syſtême de la Paix que dans le Syſtême de la Guerre.

11º. Si l'on dit que la tyrannie s'établira dans le Syſtême par dégrez inſenſibles. 1º. Cela peut arriver de même dans le Syſtême de la Guerre. 2º. On ne ſouffre point de ce qui eſt inſenſible, on ne ſouffre preſque point de ce qui eſt preſqu'inſenſible: l'habitude eſt alors d'un grand ſécours; puiſqu'un homme accoûtumé à porter tout le long du jour un habit de vingt livres, n'a pas plus de peine à le porter que celui qui en porte un beaucoup plus léger, & qui le porte tous les jours.

12°. Il est donc évident que quand la tirannie dévroit être plus fréquente dans le Systême de la Paix, que dans le Systême de la Guerre: cette maladie d'Etat causeroit beaucoup moins de maux, & moins grands pour les Sujets que le gouvernement le plus sage & le plus modéré dans le Systême de la Guerre : il n'est pas moins visible qu'à l'égard des biens, ils seroient en bien plus grand nombre pour les mêmes Sujets; puisqu'il n'y auroit nulle interruption d'aucune sorte de commerce : enfin les générations de la même Nation les moins heureuses dans les régnes les plus tiranniques du Systême de la Paix, seroient à tout prendre, beaucoup plus heureuses que toutes celles qui ont précédé dans le Systême de la Guerre ; & de plus il y auroit plusieurs générations entiéres & successives, qui seroient parfaitement heureuses, ce que l'on ne verra jamais dans tout autre Systême.

IX. OBJECTION.

Il est indubitable (m'a-t-on dit) que les Alliez de l'Empereur recevront toûjours avec beaucoup de joye le plan d'une Union générale, dans laquelle ils trouvéroient une sûreté entiére pour l'inaltérabilité de la Paix, il est encore certain que si ce Projet leur eût été proposé par la Maison de France au commencement de la Guerre, avant que d'entrer en action ; lors même qu'ils se croyoient supérieurs, ils l'auroient accepté avec une grande joye, & qu'ils l'auroient fait accepter par tous les autres ; mais malheureusement les choses ne sont pas en cet état, ils ont fait de grandes dépenses dans la Guerre présente, ils ont fait des Conquêtes en Italie, en Espagne, en Flandres, & ils espérent en faire encore d'autres, soit en continuant simplement leurs efforts, soit en les augmentant, & quand ils seront parvenus avec ces nouveaux efforts à établir l'Archiduc sur le Trône d'Espagne, *pour l'Europe.* 231

quand ils auront conquis encore sept ou huit Places en trois ou quatre Campagnes du côté de Flandres ; ce sera alors que pour mettre des bornes fixes & immuables aux Etats de l'Europe, ils solliciteront l'éxécution du Projet ; mais pas plûtôt. Ce Projet eût donc été bon à leur proposer dans les premiéres années de la Guerre, lorsque nous n'avions rien perdu, & lorsqu'ils se croyoient ou inférieurs, ou égaux, ou peu supérieurs ; mais la conjoncture est passée ; ils se croyent fort supérieurs, & nous avons beaucoup perdu : ainsi d'un côté ils ne voudront jamais former l'Union Européenne à condition de *promettre de restituer, ou de faire restituer toutes leurs Conquêtes*, parce qu'ils espéreront sans rien restituer pouvoir former cette même Union, & ils aimeront mieux encore continuer la Guerre pendant quatre ou cinq ans, que de rien restituer : & d'un autre côté il ne faut pas espérer que la Maison de France veüille jamais entrer dans cette Union, faire une Paix inaltérable, & poser des bornes fixes, immuables, éternelles, à sa puissance & à son Territoire, sans cette condition, *de promettre de restituer toutes ces Conquêtes*, elle aimera mieux continuer la Guerre.

RÉPONSE.

Il me semble que je n'ai rien déguisé de la force de l'objection, & comme elle a quelque apparence de solidité, je n'omettrai rien, si je puis, pour montrer qu'en effet elle n'a rien de solide.

1º. Vous convenez que si le Roy avant le commencement de la Guerre eût proposé ce Projet d'Union aux Anglois, aux Hollandois, aux Portugais, aux Princes d'Allemagne, & aux autres Alliez de la Maison d'Autriche, ils l'auroient tous accepté à bras ouverts, quand même ils se seroient crûs alors supérieurs en force à la Maison de France : ils n'auroient alors demandé ni le Milanez, ni Naples, ni la Catalogne, ni les Places de Flandres : ils auroient signé le Traité en laissant tous les Souverains en l'état qu'ils étoient : pourquoi en jugez-vous de la sorte ? C'est que l'unique but de ces Alliez étoit d'obtenir une *sûreté suffisante & durable* pour la conservation de leur Etat & de leur Commerce contre la puissance de la Maison de France, & qu'ils auroient trouvé cette sûreté suffisante & éternelle dans l'Union Générale, au lieu qu'ils n'eussent jamais trouvé qu'une *sûreté tres-insuffisante & très-peu durable* dans le Systême de l'Equilibre, comme je l'ai démontré de vôtre aveu même dans le premier Discours.

Pourquoy croyez-vous que se voyant bien armez, & se croyant supérieurs en Troupes & en forces, ils n'eussent pas commencé les actes d'hostilité pour faire des Conquêtes contre un ennemi qui n'est pas extrémement inférieur en forces ? C'est que ces Conquêtes d'un côté coûtent trois fois, dix fois plus qu'elles ne valent ; & de l'autre, c'est que sans de pareilles Conquêtes ils avoient par le Traité d'Union leur unique but, qui est une *sûreté suffisante & durable* : il est donc sans doute que si on leur offre présentement ce Projet en y voyant cette *sureté suffisante & durable*, ils abandonneront présentement tout dessein de nouvelles Conquêtes par les mêmes raisons qu'ils n'eussent pas même entrepris d'en faire aucune, quoique armez & supérieurs, si on leur eût alors proposé ce même Projet.

Vous convenez que ces nouvelles Conquêtes n'ajoûteroient rien à la sûreté qu'ils demandent, puisqu'ils ne la demandent, & qu'ils ne la sçauroient demander que *suffisante & durable* : or par leur aveu même, & par le vôtre la sûreté du Projet d'Union est *parfaitement suffisante, & parfaitement durable.*

2º. Il est donc sûr que l'aparence de faire de nouvelles Conquêtes ne leur fera point différer d'accepter le Projet ; mais je soûtiens que le désir de conserver celles qu'ils ont faites pour se dédommager de leurs dépenses passées & des prêts faits à l'Archiduc, ne leur fera point non plus différer d'accepter la Paix inaltérable : j'en ai mis les preuves dans la réponse à la huit iéme objection; je ne sçaurois me résoudre à repeter ce que j'ai expliqué si amplement ailleurs : mais il en résulte que si les Anglois & les Hollandois s'opiniâtroient à différer la conclusion d'une Paix inaltérable, & à vouloir plûtôt continuer la Guerre quatre ou cinq ans, qu'à faire cette restitution, ce seroit une opiniâtreté trés-déraisonable, très-dommageable pour eux, & dont ils seroient blâmez de tous les Souverains neutres, & de leurs Peuples mêmes; puisque la continuation de quatre ou cinq années de Guerre leur causeroit huit ou dix fois plus de dépense & de perte, que la conservation de ces Conquêtes ne leur apporteroit de profit.

Il est vrai qu'ils peuvent dire par une raison semblable, que si la Maison de France s'opiniâtroit à vouloir plûtôt continuer la Guerre quatre ou cinq ans, qu'à se passer de cette restitution, ce seroit une opiniâtreté très - déraisonnable & très dommageable pour elle : mais outre qu'elle a fait autant de dépense qu'eux dans cette Guerre, il y a une différence essentielle, c'est qu'ils n'avoient nul droit pour faire sur elle des Conquêtes, & qu'elle a par conséquent tout droit de leur en demander la réstitution : ils n'ont aucun droit de lui demander leurs frais, au lieu qu'elle a tout droit de leur demander les siens ; & cependant pour le bien de la Paix elle leur abandonne ce droit des frais de la Guerre : ce ne seroit donc pas une opiniâtreté déraisonnable dans la Maison de France.

Il est vrai que les Anglois, les Hollandois, & les autres Alliez de la Maison d'Autriche n'ont combatu jusqu'à présent, que pour avoir *la sûreté suffisante*, & que nous ne leur offrons cette *sûreté* que présentement ; mais ils sçavent bien que cette *sûreté suffisante* ne fait que de se montrer présentement & à eux, & à nous : il est vrai que le Projet d'*Union Européenne* de Henry IV. n'étoit pas ignoré : mais comme les *motifs & les moyens* étoient perdus, il ne paroissoit presque à tout le monde qu'un Projet impraticable : il falloit les retrouver ; & pourquoi y auroit-il plus de nôtre faute que de la leur, de n'avoir pas plûtôt retrouvé *ces motifs & ces moyens* ? Et puisqu'il ne pouvoit jamais y avoir d'autre *sûreté suffisante & durable*, que celle-là, & que c'étoit à eux à nous la demander, n'étoit-ce pas aussi à eux, plûtôt qu'à nous à faire cette nouvelle découverte, & à nous l'indiquer avant que de commencer la Guerre ? Alors s'ils nous eussent proposé cette espéce de sûreté, & si nous eussions refusé de la leur donner, ils auroient raison de vouloir retenir leurs Conquêtes pour les frais de la Guerre : mais ils ne l'ont ni trouvée, ni indiquée, ni demandée ; rien ne seroit donc plus injuste que de vouloir retenir ce qu'ils n'ont eu ni raison, ni prétexte d'usurper.

3°. Quand on pourroit en cette rencontre réprocher de l'opiniâtreté à la Maison de France sur la demande de la restitution, n'est-il pas vraisemblable que l'Angleterre, cette Nation si éclairée sur ses interests, abandonnera sans peine les Places qu'elle tient par ses mains, pour s'épargner les nouveaux frais de quatre ou cinq nouvelles Campagnes, & la perte de l'interruption du Commerce avec la France & avec l'Espagne, surtout quand elle considerera que ces Places ne luy produisent rien en comparaison de la prodigieuse dépense future, & qu'en les laissant entre les mains du légitime Possesseur, elle trouvera dans la Paix perpétuelle une plus grande sûreté pour ses Vaisseaux, & les mêmes commoditez dans les Ports Espagnols, que si elle les avoit rétenus ?

4º. Les Hollandois ont-ils moins de lumieres sur leurs interests, que les Anglois ? Il est vrai qu'ils tiennent un plus grand nombre de Places, & d'un plus grand revenu; mais qu'ils comparent ce revenu à la perte qu'ils font par l'interruption de leur Commerce avec la France & avec l'Espagne, & à la grande dépense future d'une Guerre qui peut encore durer quatre ou cinq ans, & ils cesseront d'être opiniâtres : d'ailleurs les Anglois peuvent fort bien les abandonner sur cet article, & leur dire que ne réservant rien de leurs Conquêtes, & se contentant de l'acquisition *de la Paix inaltérable*, ils doivent non plus qu'eux ne rien rétenir des leurs, se contentant de la même acquisition : or si les Anglois les abandonnoient sur cet article, croyez-vous que les Hollandois fussent assez insensez pour s'y opiniâtrer ? Il y a plus, c'est qu'en Hollande le Peuple, les Marchands, les Négocians ont beaucoup de part au Gouvernement : or si tous ces Marchands, si tous ces Négocians ont connoissance d'une pareille opiniâtreté de la part de quelques Membres des Etats Généraux, croyez-vous qu'ils ne donnent pas des instructions positives à leurs Députez, pour *promettre de restituer* des Places qui pourroient leur coûter infiniment plus qu'elles ne valent ?

5°. Il n'est nullement sûr que les ennemis pussent attirer d'autres Puissances dans leur Ligue présente; au contraire lorsque ces Puissances verront clairement qu'il ne tient qu'à eux, qu'à une restitution juste, que la Maison de France elle-même n'entre dans l'Union générale, il n'est nullement sûr que ces Puissances veüillent se mettre en frais pour les dispenser de cette restitution ; ainsi lorsque la Maison de France fera aux ennemis des propositions aussi raisonnables qu'est l'établissement de *l'Union Européenne*, à condition *de la restitution*, peuvent-ils espérer de fortifier leur Ligue d'aucun nouvel Allié ?

En effet si les Puissances neutres bien averties & bien informées des propositions de la France, disent aux Hollandois, *la restitution que demande la Maison de France est juste, l'Union qu'elle propose à cette condition est infiniment avantageuse à tout le monde, cette restitution qu'elle demande ne se devant faire qu'après que tous les Souverains auront signé, elle ne diminuë en rien la sureté suffisante que nous demandons, comme vous, & à laquelle nous sommes tous vivement intéressez : nous ne prétendons faire aucune dépense pour vous conserver ces Conquêtes, nous en ferions plûtôt pour vous obliger à les restituer ;*

croyez

croyez-vous, dis-je, que les Hollandois fuſſent long-tems opiniâtres, & croyez-vous que ces Puiſſances aimaſſent mieux faire un grand armement pour fortifier la Ligue contre la Maiſon de France, que de leur tenir ce diſcours ? Ceux qui verront bien que la Maiſon de France ſera la plus ferme, ou, ſi l'on veut, la plus opiniâtre, & que tant qu'elle réfuſera de concourir à l'Union Européenne, il ſera fort incertain qu'elle ſe forme, voudront-ils pour plaire aux Hollandois hazarder de perdre la plus belle occaſion du monde de ſe procurer à eux-mêmes le plus grand avantage qu'ils puiſſent jamais ſe procurer.

6º. On peut donc juger que ſelon toutes les apparences, ni les Anglois, ni les Hollandois ne s'opiniâtreront pas long-tems à réfuſer l'Union ſous la condition de la reſtitution future : or ne voulant plus continuer la Guerre, & abandonnant en cet article la Maiſon d'Autriche, cette Maiſon s'opiniâtrera-t-elle à garder la Catalogne, Naples & le Milanez, & ne ſeroit-ce

Tome II. X

pas inutilement, si l'Angleterre & la Hollande réfusoient de faire agir leurs Troupes une seule Campagne en sa faveur?

7°. Rien n'est moins certain que les ennemis soient dorénavant supérieurs à la Maison de France: s'ils ont été supérieurs en Flandres, elle a eu la même supériorité en Espagne, & s'ils peuvent faire de nouveaux efforts, elle peut en faire de semblables, surtout à présent que le Dixiéme Denier est établi, & que toutes les Provinces de France outre la Capitation ont commencé de le payer sans murmure; car s'il est absolument nécessaire pour *la conservation de l'Etat*, nous payerons le Neuviéme l'année prochaine, comme le Dixiéme celle-ci, & peut-être même le Huitiéme. Je dis pour *la conservation de l'Etat*, parce qu'il est naturel de croire que nous ne férions pas avec la même joye les mêmes efforts pour son agrandissement que pour sa conservation. Ainsi le fond pour la Guerre est annuel, réglé, certain, durable, suffisant, & la Campagne prochai-

que nous nous sentirons bien plus de l'établissement du Dixiéme qui sera dans sa perfection, que nous n'avons fait celle-ci, parce qu'il ne faisoit que commencer : si je ne mets point ici en ligne de compte ni l'extrême fidélité des Castillans, dont ils ont fait preuve, ni la diversion que peuvent causer les Suédois & les Turcs en Allemagne, c'est qu'il me semble que c'est plûtôt aux ennemis à les craindre qu'à nous à les leur faire craindre, c'est plûtôt à eux à connoître l'état de leurs forces, qu'à nous à leur vanter les nôtres. Nous montrerons donc nôtre égalité pour lasser ceux qui nous attaquent, & nous ne montrerons pas, quand nous le pourrions, nôtre supériorité, de peur d'engager contre nous de nouveaux ennemis.

8°. Ceux qui connoissent les intérêts & le caractére du Duc de Savoye, ne doutent pas non plus, que si on lui propose le Traité d'Union, à condition de lui laisser ce qu'il a obtenu de l'Archiduc, il ne le signe d'autant plus volontiers, qu'il verra la possession de son acquisition aussi durable que l'Union même.

9º. Les Anglois & les Hollandois sçavent supputer : or les Anglois dépensent tous les ans plus de quarante millions en Troupe & en Vaisseaux : l'interruption du Commerce avec la France & avec l'Espagne, les Escortes pour les autres Commerces, la diminution de ces Commerces faute de sûreté, les prises de leurs Vaisseaux Marchands par les Corsaires, tout cela leur cause une perte de plus de quarante millions par an. Ceux d'entre eux qui ont la moindre connoissance des affaires publiques, sçavent que je n'éxagére pas. Les Hollandois de leur côté dépensent plus de trente-cinq millions d'extraordinaire pour la Guerre, & l'interruption du Commerce avec la France & l'Espagne leur cause une perte annuelle de plus de quarante-cinq millions : cela fait pour ces deux Nations cent soixante millions, qui au denier vingt font huit millions de rente : or pour garder des Conquêtes, qui ne leur vaudront jamais trois ou quatre millions par an, voudront-ils risquer encore quatre ou cinq années de Guerre, c'est-à-dire, six ou sept cens millions : une seule année de Paix de plus, une seule année de Guerre de moins leur vaudra deux fois plus qu'ils ne perdront à restituer ces Conquêtes, & ils auront les *suretez suffisantes* pour lesquelles seules ils ont entrepris la Guerre.

10°. Leurs Peuples contribuëront moins volontiers & moins longtemps pour conserver ces Conquêtes onéreuses, que nous pour les réconquerir : ils ne contribuent que par persuasion, & le moyen de leur persuader qu'il est de leur interest d'acheter une chose certainement deux fois plus cher qu'elle ne vaut, puisque c'est certainement une année de Guerre de plus, & de risquer de l'acheter huit fois plus cher, puisqu'ils risquent d'avoir encore à soûtenir quatre années de Guerre, au lieu que nous & les Espagnols nous avons pour durer encore plus de persuasion qu'-

eux, puisque nous redemandons le nôtre ? Ils se passeront plus aisément que nous des choses dont ils se sont toûjours passez jusqu'ici, au lieu que nous ne nous passerions pas si aisément de choses où nous sommes tout accoûtumez ; & d'ailleurs outre la persuasion nous avons un ressort de plus, qui est une plus grande obéïssance à nos Maîtres, une obéïssance aveugle, qu'ils n'ont pas ; ainsi il est évident que nous durerons plus qu'eux, & que nous pourrons nous maintenir dans une défense plus juste, plus long-temps qu'ils ne pourront se soûtenir dans une usurpation très-injuste.

Ils verront ces choses, comme nous les voyons, puisqu'elles sont évidentes : or peut-on craindre que les voyant ils ne veüillent pas tout d'un coup finir une Gurre ruïneuse, en promettant une restitution de Conquêtes, qui leur coûteroient à garder au moins quatre fois plus qu'elles ne valent, lors qu'il s'agit d'obtenir le trésor immense de la Paix inaltérable ? Or une objection uniquement fondée sur une crainte aussi vaine peut-elle jamais avoir aucune solidité ?

LXI. OBJECTION.

Si le Roy donne connoissance de ce Projet à ses ennemis, ils s'en prévaudront pour se rendre plus difficiles sur les Articles de Paix : on croit toûjours que celui qui fait des propositions d'accommodement, a plus de crainte des évenemens futurs, & comme on le croit plus pressé, on lui fait aussi acheter la Paix plus chérement, ou s'il ne veut pas accepter certaines conditions, sa démarche contribuë à augmenter le courage de ses ennemis pour continuer la Guerre : ils prendront une idée fausse de nôtre foiblesse ; mais cette idée toute fausse qu'elle sera, leur donnera de nouvelles forces pour s'éloigner de la conclusion de la Paix ; *car, diront-ils, quelle nouvelle raison la Maison de France peut-elle avoir, si elle croit ses affaires en bon état, de vouloir si-tôt finir la Guerre ?*

RÉPONSE.

1º. La nouvelle raison de la Maison de France, c'est ce nouveau Projet, dont elle ne fait que d'avoir depuis peu elle-même connoissance : elle y trouve de grands avantages pour elle, en ce qu'il doit rendre la Paix plus prompte, en ce qu'il lui facilite la restitution sans frais de tout ce qu'elle a perdu, & en ce qu'elle envisage les quinze avantages immenses que lui apportera l'inalterabilité de la Paix, à elle & à ses Sujets. Voilà la nouvelle raison de la nouvelle démarche ; c'est un interest évident, & un interest nouveau qui la fait agir d'une maniere nouvelle : si elle fait cette proposition aux Alliez de la Maison d'Autriche, c'est qu'elle compte qu'ils trouveront pour eux pareils avantages qu'elle y trouve pour elle-même. Ainsi loin que la publication du Mémoire puisse fortifier l'opinion qu'ils auroient pû prendre d'ailleurs de nôtre foiblesse, elle ne fera au contraire qu'affoiblir cette opinion, puisque quand nous serions de beaucoup supérieurs en forces, la Maison de France ne laisseroit pas par les mêmes considérations de leur faire les mêmes propositions d'une maniére ouverte & publique, puisque la Conquête de l'Europe entiére ne lui seroit pas à beaucoup près si avantageuse, que l'établissement de l'Union.

2°. Je passe aux ennemis; leur opinion de nôtre foiblesse où peut-elle les porter, sinon à continuer la Guerre pour tâcher de ne rendre que partie de leurs Conquêtes? Mais quel est le but de la conservation de ces Conquêtes, qui leur coûteront quatre fois plus à garder en continuant la Guerre, qu'elles ne vaudront? Qu'ils le disent eux-mêmes, n'est-ce pas uniquement pour avoir *sûreté suffisante* par le Systême de l'Equilibre contre la trop grande puissance de la Maison de France? Or ne verront-ils pas clairement par le prémier Discours que toutes les sûretez que peut jamais produire le Systême de l'Equilibre, ne peuvent jamais être *suffisantes*, & qu'il n'y a uniquement que le Projet de l'Union de l'Europe, que le Roi lui-même leur peut proposer, qui puisse leur procurer *ces suretez suffisantes* ?

3°. Ne sçavent-ils pas que les Armes sont journaliéres, que la Maison de France peut par divers Combats heureux reprendre sur eux une plus grande supériorité que celle qu'ils ont euë sur elle ? Or alors qui l'empêchera de réconquerir ce qu'elle a perdu, & de leur faire payer non-seulement les frais faits depuis cette continuation, mais encore les frais de toute la Guerre ?

4°. Il demeure constant que les Conquêtes des Anglois & des Hollandois ne valent pas quatre-vingt millions, & il démeure encore constant qu'une année de Guerre de moins leur vaudra cent soixante millions : il y a donc pour eux quatre-vingt millions à gagner *à promettre* cette année la restitution de ces Conquêtes, & à faire le Traité une année plûtôt, & quatre-vingt millions en pur profit.

Il est donc certain que loin que la publication du Mémoire porte les ennemis à prolonger la Guerre, elle les portera à soliciter vivement la conclusion de la Paix, en promettant de faire la restitution lorsque par la signature de tous les Souverains d'Europe ils auront *sûreté suffisante de cette inaltérabilité*, puisqu'ils verront qu'un an de Guerre de moins leur vaudra plus de quatre-vingt millions de profit, & que chaque année de Guerre de plus leur cause cent soixante millions en pure perte.

LXII. OBJECTION.

Les ennemis sont dans une telle défiance, sur tout ce qui leur peut venir de la part de Maison de France, qu'ils régarderont comme un piége la publication de ce Mémoire.

RÉPONSE.

Cette opinion du piége ne peut s'appuyer que sur trois soupçons, dont ils peuvent aifément s'éclaircir ; le prémier, ils peuvent douter fi ce Projet d'Union ou de Paix inaltérable leur féroit réellement plus avantageux que le Syftême préfent de la Guerre prefque perpétuelle : or ils n'ont qu'à lire ce Mémoire ; ils ont entre les mains dequoi en juger par eux-mêmes, ils verront clairement que jamais on ne leur peut propofer un parti fi avantageux, & quand il leur refteroit encore quelque doute, l'exemple des Puiffances neutres qui en folliciteront l'éxécution de toutes leurs forces diffiperoit leurs doutes.

Le fécond foupçon qu'ils peuvent former, c'eft de fçavoir fi ce Traité d'Union fe fignera réellement de tous ; mais il eft évident qu'il fe fignera de tous, fi tous le veulent bien figner ; puifqu'il ne peut y avoir d'oppofition que le défaut de volonté. Or il eft certain que chaque Souverain voudra avec empreffement figner un Traité qui lui eft fi évidemment avantageux, dés qu'il lui fera préfenté, sur tout quand il verra que plusieurs Souverains des plus puissans & des plus sages l'auront déja signé, & qu'ils l'inviteront à le signer pour entrer dans une garantie mutuelle, qui sera d'autant plus désirable, qu'elle sera plus nombreuse : or les Princes neutres qui solliciteront la signature de ce Traité, aideront encore aux ennemis à se persuader qu'il est de l'intérêt de tout le monde de le signer, & effectivement en pareille occasion, il n'y a qu'à donner l'exemple pour être sûr qu'il sera suivi.

Le troisiéme doute peut être fondé sur ce qu'ils peuvent penser que quoique le Roi offre de faire un pareil Traité d'Union, c'est un leurre pour les amuser, & pour ralentir leurs efforts, & qu'en effet il se gardera bien de mettre de pareilles bornes à son ambition, & de signer ce Traité ; mais ils n'ont qu'à faire tant soit peu d'attention au troisiéme discours, c'est-à-dire, aux avantages immenses que lui & sa Maison tireroient du Traité d'Union ; pour être persuadez qu'il n'a

jamais rien défiré fi fincérement &
fi fortement que la conclufion &
l'éxécution d'un pareil Traité, fur
tout dépuis la mort des deux derniers Dauphins arrivée cette année.

D'ailleurs, il leur eft bien aifé de
fortir de ce doute, qu'ils fignent
eux-mêmes entre eux les articles
de ce Traité aux conditions de la
reftitution; qu'ils le préfentent enfuite à figner dans le Congrés aux
Plenipotentiaires du Roi, & du Roi
d'Efpagne, & ils verront bien-tôt
que c'eft fincérement que la Maifon de France offre & propofe elle-même ce Traité, & que les additions & les rétranchemens qu'elle propofera, feront, ou très-juftes,
ou très-convénables à l'intérêt de
l'Union, & tels qu'eux-mêmes le
défireront; ils verront qu'en trèspeu de conférences tous confpirant
au même but, qui eft de rendre la
Paix inaltérable *en confervant chacun dans la poffeffion, où il étoit au commencement de la Guerre préfente*, on conviendra facilement de tous les articles *fondamentaux* de la plûpart des
articles *importans*, & à l'égard des

articles *utiles*, on en conviendra de même : car ne séra-ce pas en convenir, que de consentir qu'ils seront réglés par la pluralité pour la provision, & pour les trois quarts des voix, pour la définitive ? Car enfin dès que l'on convient de s'en rapporter à une sorte d'arbitrage, tout est censé convenu & réglé, c'est n'avoir plus jamais rien à décider par la *voye de la Guerre*, & par conséquent c'est être pour toûjours en Paix.

Si en leur proposant de négocier sur ce Mémoire, la Maison de France leur demandoit une Tréve, ils auroient peut-être raison de regarder d'abord cette proposition comme un piége ; mais elle ne leur demande rien de semblable, que chaque parti fasse de son côté tous ses efforts pour la Campagne présente, que dans la Campagne même chacun agisse comme s'il n'y avoit nulle proposition de Paix ; où est donc le piége, & surquoi fonder le soupçon de piége : ainsi ou ce soupçon ne naîtra point, ou s'il naît il s'anéantira bien-tôt par la réfléxion, ou s'il dure jusqu'au succés du Congrez, il ne nuira en rien à l'avancement de la Paix ; il est donc visible que le pis aller, c'est que les Alliez soient quelques mois sans lui rendre justice sur la beauté de son Projet, & sur la droiture de ses intentions ; mais quelque parti que prît le Roi, changeront-ils d'opinion à son égard pendant cet intervale? Ainsi il peut, sans y rien perdre, leur faire encore pareil crédit pour quatre ou cinq mois : enfin cela peut-il l'empêcher d'aller droit à son but, au bien de sa Maison, à son repos, au bonheur de ses Sujets, à la félicité de toute l'Europe, & n'est-il pas dépuis long-tems tout accoûtumé à faire sans regret des ingrats ?

LXIII. OBJECTION.

Il y a dans cet Ouvrage un grand nombre de répetitions qui déplaisent.

REPONSE.

RÉPONSE.

J'ai été obligé de remettre souvent devant les yeux les mêmes pensées ; mais en différentes expressions : je n'ai garde de rétrancher ces sortes de répétitions, il faudroit rétrancher tout d'un coup presque toutes les réponses aux objections. Si je n'avois à faire qu'à des Lecteurs qui eussent lû les premiéres ébauches, & qui eussent une grande attention à leur lecture, & une mémoire excellente, je réduirois l'ouvrage à la moitié ; mais par malheur cette ébauche arrivera encore toute nouvelle entre les mains de la plûpart des Lecteurs, & puis ceux qui ont lû l'ébauche du prémier Septembre mil sept cens-onze, n'ont pas tous une mémoire si heureuse, qu'ils se souviennent de tout qu'ils ont lû, il y a neuf ou dix mois.

Or il faut rémarquer que quand on propose quelque sistême nouveau, il ne sçauroit faire d'impression sur l'esprit du Lecteur, si on ne le lui préfente fous différentes formes ; c'eft l'habitude de penfer d'une même maniére qui fait nôtre certitude, & cette habitude ne fe forme que par les répétitions ; nous fommes en garde contre l'évidence même, quand elle fe préfente pour la premiére fois ; & elle ne paffe en certitude que par le fécours de l'habitude, & le pouvoir que l'habitude a fur nôtre efprit, eft tel qu'il y a une infinité de propofitions qui nous paroiffent évidentes, & qui font cependant très-obfcures, & cela uniquement à caufe de la longue habitude que nous avons dés nôtre enfance, dés nôtre jeuneffe de penfer de la même maniére.

Il y a une autre forte de répétition vicieufe, qui eft de répeter les mêmes penfées dans les mêmes expreffions, furtout quand ce font ou penfées, ou expreffions finguliéres ; c'eft que la fingularité donne de l'attention, & excite la mémoire ; mais quelque bonne que foit la penfée : quelque propre que foit l'expreffion, la répetition bleffe le

Lecteur, & lui est très-inutile. Pour ces sortes de répétitions, je les condamne tout le prémier; je crois bien qu'il y en a quelques unes de cette espéce dans le corps de cet Ouvrage, c'est-à-dire, qu'il y a une ou deux pages de trop; je tâcherai de les rétrancher à la premiére ébauche; mais quand je présente au Lecteur un Projet de la derniére importance, je ne daigne pas seulement lui demander grace pour ces sortes de négligences, il a bien autre chose à faire qu'à songer à des minuties de stile, à des méprises de peu de conséquence, à des ignorances de certains faits qui ne font rien à l'affaire principale, & ausquelles il est aussi facile de rémedier, qu'il a été facile de les appercevoir; le bon esprit pour son propre intérêt saisira le bon, l'essentiel de l'ouvrage, & laissera à l'esprit superficiel à discuter sérieusement des bagatelles qui n'attaquent que la réputation de l'Ecrivain, & qui même ne lui nuisent en rien, si malgré ses négligences il arrive à son but, qui est de montrer à tous les Lecteurs l'importance & la possibilité du Projet.

LXIV. OBJECTION.

Quand l'Union sera entiérement formée, ne peut-il pas arriver que les vingt-trois Souverains veüillent dans trente ans, dans cent ans ôter au Czar, par exemple, ou à quelque autre Membre de l'Union son État, ou partie de son Etat? Il est vrai que l'on ne peut pas supposer qu'ils en eussent le droit; puisque par les articles fondamentaux aucun Souverain ne peut être dépossedé d'aucune port on du Territoire dont il sera en possession, à moins qu'il ne soit déclaré ennemi, & qu'il ne peut être déclaré ennemi tant qu'il voudra bien en demeurant uni avec les autres, executer les Loix fondamentales, & les Jugemens de l'Union; mais enfin ce qu'ils ne sont pas en droit de faire, ils sont en pouvoir de l'éxécuter; puisque les vingt-trois, ou même vingt seront beaucoup plus forts que ce Souverain. Or quelle sûreté a-t-il qu'ils ne s'uniront pas tous, sinon contre lui, du moins contre quelqu'un de ses Successeurs dans quelque siécle avenir?

RÉPONSE.

1°. Tant que ces vingt-trois Souverains ne seront pas dévenus tous entiérement insensez, il y aura une sûreté qu'ils ne voudront pas renverser les fondemens de l'Union.

2°. Un homme n'est ni *évidemment* injuste, ni *évidemment* méchant, à moins qu'il ne trouve dans sa méchanceté, dans son injustice quelque intérêt, ou réel, ou apparent. Or ce qui est rare pour un seul homme, est encore plus rare pour vingt-trois, qu'on ne peut pas sans raison supposer tous extravagans, conseillés chacun par un grand nombre de Ministres également extravagans : or dans cette supposition l'injustice seroit évidente ; la méchanceté à l'égard du Souverain seroit encore plus évidente ; puisque hors de lui ôter la vie, on ne peut lui faire une plus grande méchanceté que de lui ôter son bien, ou en tout, ou en partie, un bien qui par la longue possession est aussi évidemment le sien, que le bien des autres est le leur.

3°. Mais on a beau supposer ces vingt-trois Souverains injustes & méchans envers ce vingt-quatriéme, si l'injustice, si la méchanceté en question est telle, qu'ils ne puissent la commettre sans se faire un très-grand tort, & un tort très-évident, on ne peut supposer qu'ils la commettront, à moins que d'être tous parvenus en même tems au dernier degré d'extravagance : or s'ils dépossedent le vingt-quatriéme de tout, ou partie de son État, qui d'entre eux aura sûreté, que dix ans après il ne sera pas lui ou son successeur dépossedé de la même maniére, & sur pareils prétextes par les vingt-deux autres ? Or pourquoi est-il entré dans cette Société, sinon pour avoir sûreté, que ni lui, ni ses Successeurs ne pourront jamais être dépossédés sous quelque prétexte que ce puisse être.

4°. Quand les Membres d'une

Société se résolvent à passer par dessus un article fondamental, quelle sûreté peuvent-ils avoir de l'éxécution de tous les autres, & pourquoi démeurent-ils assujettis aux Réglemens d'une Société, s'ils ne sont pas seurs qu'elle subsiste demain ? Si les avantages de cette Société sont très-grands & très-évidens, seront-ils tous assés fous pour la saper eux-mêmes par les fondemens ? Or n'avons-nous pas démontré ailleurs la grandeur & l'évidence de ces avantages ?

5°. Qu'on me donne un motif tant soit peu aparent pour engager les vingt-trois Souverains à ôter au Czar tout ou partie de son Etat; sera-ce pour le donner à un Particulier ? Pourroit-on imaginer un motif aussi ridicule ? Sera-ce pour le donner à quelqu'un des vingt-trois ? Et par quel Privilege les vingt-deux autres le prefereroient-ils à eux-mêmes ? Sera-ce pour le partager entre eux, & en faire vingt-trois parts ? Mais seroit-ce pour le partager par égales portions ? Les plus forts ne s'opposéroient-ils pas à cette égalité ? Et pourroient-ils s'accorder dans l'eſtimation ? Séra-ce pour le partager à proportion des contingents ? Eſt-ce que les plus foibles ne s'oppoſeront pas à ce partage proportionel, & pourroient-ils jamais convenir d'une eſtimation proportionelle ? Impoſſibilités de tous côtés !

6º. Les Princes Allemands qui formérent l'Union Germanique avoient la même choſe à craindre : cependant ou ils ne la craignirent point, ou bien ils paſſérent pardeſſus cette crainte comme mal fondée, & effectivement voyons-nous qu'il ſoit arrivé depuis ſept cens ans que l'Union Germanique ait ôté ou quelque Ville ou quelque Province, ou l'Etat a quelqu'un des Membres, quand il n'a point été déclaré rébelle, & mis au Ban de l'Empire pour rébellion ? voyons-nous que les autres Membres ayent mis en partage quelque Territoire ſemblable ? voyons-nous qu'ils ayent ſeulement été tentés de dépoſſeder un Souverain pacifique d'un ſeul Village ? Leur propre intérêt les eût rétenus; puisque ç'eût été ouvrir la porte à de semblables dépossessions : cependant les prétextes n'ont pas manqué, il y en a eu de toutes les sortes, les haines, & sur tout les haines causées depuis deux cens ans par la différence des Réligions, haines où le Peuple prend une grande part, étoient de spécieux prétextes: qu'on me montre un seul exemple où un Souverain pacifique ait eut à souffrir une dépossession. Or nous sommes ici en bien plus forts termes : car les Sectes se fortifiérent dans les Guerres de Réligion, c'étoit le tems le plus à craindre : or il n'y aura plus de Sectes à craindre, du moins les Guerres de Réligion ne seront plus à craindre après la formation de l'Union.

7°. Il y a en Europe plusieurs Républiques & Etats Républiquains; le Peuple y a beaucoup de pouvoir dans les délibérations : or s'imaginera-t-on que ces Nations dans le dessein d'agrandir leur Territoire puissent jamais donner les mains à ruiner le fondement d'une Société, dont ils tirent la principale sûreté de la durée de leur Etat & de leur Commerce ; qu'est-ce que le Peuple gagneroit à un pareil accroissement ? Chaque Particulier en seroit-il d'un sou plus riche ? Or cependant les Républiques & les Etats Républiquains font le tiers de l'Europe.

Ainsi de quelque côté qu'on tourne la chose, on verra que cette objection disparoît d'elle-même à la première attention, au lieu que les bonnes objections ou les véritables obstacles s'agrandissent à mesure que l'on vient à les approfondir.

LXV. OBJECTION.

L'Auteur pour augmenter la sûreté des Membres de l'Union, propose dans les Guerres qu'elle pourra avoir, d'employer de chaque Nation pareil nombre de Soldats, de sorte que si pour former le contingent de Troupes des Frontiéres de l'Europe, il suffit de tenir sous les armes cent quatre-vingt mille hommes, ce sera environ six mille sept cens hommes, le tiers en Cavalerie pour chacun des vingt-sept contingents ; ainsi il n'y aura que six mille sept cens François, & il y aura six mille sept cens Lorrains avec cette différence, qu'il n'y aura pas la huitiéme partie de ces Lorrains entrétenus aux frais de la Lorraine ; le reste sera entrétenu aux frais de l'Union, & payé par son Trésorier : jusques-là il n'y a rien d'impossible ; mais en tems de Guerre, comment la Lorraine qu'on suppose ne contenir qu'environ douze cens mille Habitans, c'est-à-dire deux fois autant comme il y en a dans Paris : comment dis-je pourra-t-elle fournir tous les Soldats qui seront nécessaires à l'Union en tems de Guerre.

RÉPONSE.

Il n'y a qu'à faire réfléxion que lorsqu'en tems de Paix les vingt-quatre Membres Chrétiens, & les trois Associés Mahométans, fournissant seulement six mille sept cens hommes de leur Nation, tous ces contingents forment plus de cent quatre-vingt mille Combattans; qu'ainsi si chaque Nation en fournit treize mille quatre cens, l'Union aura sur pied plus de trois cens soixante mille hommes; & si chaque Nation en fournit vingt-six mille huit cens en tems de Guerre, l'Union aura en un ou plusieurs corps plus de sept cens mille hommes; or d'un côté n'est-ce pas assez pour procurer sûrement à l'Union un heureux succez dans ses Guerres, sur tout si l'on suppose qu'elle ne sera pas en même-tems en Guerre avec tous ses voisins, d'un autre côté est-ce qu'il est impossible que douze cens mille Habitans fournissent vingt-six mille huit cens Combattans.

Il n'y a personne qui ne sçache que la Lorraine en fourniroit plus de quarante mille, que la Suisse, par exemple, en fourniroit plus de cent mille, non-seulement sans s'incommoder; mais même en s'enrichissant; qu'ainsi on ne manquera point de Suisses, tant qu'on ne manquera point d'argent, & qu'il n'y a aucune Puissance qui puisse avoir aucun ombrage de la multitude des Suisses qui seroient répandus dans l'Armée de l'Union sous des Chefs, & des Officiers de différentes Nations.

On ne peut pas dire non plus que douze cens mille Habitans ne pourroient pas fournir pendant la Guerre des recrûës suffisantes pour les vingt-six mille huit cens hommes : car quand il en faudroit douze mille par an, il est certain par les Extraits des Régistres des Batêmes de Paris que six cens mille ames produisent dix-huit mille enfans par an ; qu'ainsi douze cens mille en produiront trente-six mille, & puis une Guerre qu'entreprendroit l'Union, se féroit avec une si grande supériorité de sa part, qu'il seroit impossible qu'elle durât plus de deux ou trois ans.

Ainsi quand je suppose que les Nations les moins nombreuses de l'Union fourniront autant de Soldats que les Nations les plus nombreuses pour former des Armées suffisamment supérieures à ses ennemis, je ne suppose rien que de très-possible & de très-facile ; & je trouve par ce moyen une très-grande sûreté pour les Souverains moins puissans, contre toute mauvaise volonté des Souverains les plus puissans ; ce qui étoit très-important à trouver.

LXVI. OBJECTION.

L'Union entre les Princes Allemands n'a pas tant été pour terminer entre eux leurs différens *sans Guerre*, que pour se maintenir réciproquement contre les entreprises de l'Empereur, elle s'est formée peu à peu, & il ne paroît pas dans l'histoire qu'il y ait jamais eu de plan de cette Union.

RÉPONSE.

1°. Je conviens que l'Union Germanique ne s'est formée que peu à peu, c'est-à-dire que deux ou trois Souverains, soit puissans, soit moins puissans, ont commencé par l'agréer, que d'autres ensuite y sont entrés l'un après l'autre de proche en proche selon les conjonctures, plus ou moins pressantes : or que prétens-je autre chose à l'égard du Projet de l'Union Européenne, que quelqu'un des Souverains le trouvant très-avantageux pour lui & pour chacun d'eux en particulier, le fasse agréer par un autre que ceux-ci peu à peu, & de proche en proche, y fassent entrer, tantôt l'un, tantôt l'autre, peut-être même que l'Union Européenne se formera plus promptement que ne s'est formée l'Union Germanique. 1°. Parce que tous les avantages sont plus en évidence. 2°. Parce que l'impression d'un ouvrage donne plus de facilité à tout le monde de l'examiner. 3°. Parce que les esprits sont plus éclairés. 4°. Parce que nous avons des modelles subsistans ; mais enfin quand elle ne se formeroit que dans un espace de tems semblable, qu'importe pourveu qu'enfin elle se forme.

2°. Quand l'Union des Princes Allemands se seroit formée, particuliéremeut pour résister aux entreprises de l'Empereur, du moins est-il certain qu'ils ont eu aussi en vûë de terminer leurs propres différens *sans Guerre* ; puisque la forme de les terminer en subsiste encore aujourd'hui, qu'*inutilement se seroient-ils unis pour toûjours contre une Puissance perpétuelle qu'ils eussent redoutés, s'ils ne fussent convenus de moyens nécessaires pour entretenir toûjours cette Union, & par conséquent pour terminer sans Guerre les différens qui pouvoient naître entre eux dans la suite :* mais une preuve invincible que leur Union a été formée particuliérement pour entretenir le Commerce entre eux, & pour terminer sans Guerre leurs différens, c'est que l'Union ne s'est faite que dans le tems de la plus grande foiblesse des Empereurs, c'est à-dire, lorsque l'Empire devint électif en cessant d'être héréditaire, & lorsque les Allemands n'avoient pour voisins que des Princes incomparablement moins redoutables que ceux d'aujourd'hui; il y a encore une considération ; c'est que si le principal but de leur Union eût été de se garantir des entreprises de l'Empereur, *pour l'Europe.* 273

ils n'eussent jamais élû des Princes puissans : or il est cependant certain que dans ces premiers tems ils élisoient souvent pour Empereurs les plus puissans d'entre eux.

3°. Prétendre qu'il y ait eu une Union sans Traité, un Traité sans articles proposés dont on pût convenir, c'est prétendre une chose impossible, le mémoire qui contenoit les dix ou douze articles fondamentaux, & les motifs principaux que chacun pouvoit avoir d'en convenir, c'est ce que j'appelle le plan, le Projet du Traité de l'Union, & il n'est point nécessaire que l'histoire parle de ce plan, pour croire qu'il y en a eu un ou plusieurs; puisqu'il y a eu un ou plusieurs Traités; & nous concluons sans peine, & sans le secours de l'histoire, qu'il y a un ou plusieurs Traités, en voyant un établissement encore subsistant, entre Souverains, qui n'a jamais pû commencer, sans qu'ils soient convenus de plusieurs articles, c'est-à-dire, sans quelque Traité : or que ce plan ait été proposé par un Prince puissant, de la maniere dont Henry le Grand proposa le sien, ou par un Prince moins puissant, ou même par un Particulier qu'il ait été fort court, qu'il ait été fort étendu? qu'importe, cela ne fait rien à la chose, il sera toûjours certain que quelqu'un ou Prince, ou Sujet a commencé à imaginer un semblable plan de l'Union Germanique, il n'a pas été porté tout d'un coup à sa perfection, j'en suis persuadé, & qui doute que celuy-cy ne se puisse de même beaucoup perfectionner quand il sera une fois commencé, sur tout étant exempt des deux défauts essentiels de l'Union Germanique dont nous avons parlé?

On peut voir par cette objection, qu'il faut que l'argument pris de l'Union Germanique presse étrangement les contradicteurs; puisqu'ils se sentent obligés de recourir à de si foibles retranchemens.

LXVII. OBJECTION.

S'il arrive par exemple, que les compagnies des Marchands d'Edimbourg ayent des démêlez sur le Commerce avec compagnies des Marchands de Londres, Ecossois contre Anglois, que le different soit décidé par le Roi d'Angleterre, ceux qui seront mécontens de la décision, ne pourront-ils pas en appeller, & se pourvoir au Tribunal de l'Union, comme à un Tribunal supérieur ? Or alors que déviendroit la Souveraineté du Souverain ?

RÉPONSE.

1°. Les differens qui naîtront entre un Anglois & un Hollandois, entre une Compagnie Angloise & une Compagnie Hollandoise, seront à la verité décidez par les Juges députez de l'Union dans les Chambres de Commerce, c'est que les Parties ne sont pas des Sujets d'un même Souverain ; voilà pourquoi il est necessaire que ces differens soient decidez par l'autorité de l'Union, qui étant composée de tous les Souverains d'Europe, devient l'unique Souveraine des deux Nations ; mais il n'en est pas de même des Compagnies de Londres & d'Edimbourg, ce font tous Sujets de même Souverain ; ainsi ils n'ont point d'autre Juge que lui, & comme il n'avoit point de supérieur dans les Jugemens qu'il rendoit entre ses Sujets avant la formation de l'Union, il n'en a point non plus aprés l'Union formée ; c'est que l'Union n'est faite que pour terminer sans Guerres les différens de Souverain à Souverain, des Sujets d'un Souverain, avec les Sujets d'un autre Souverain, elle ne s'est pas formée pour diminuer en rien l'autorité d'aucun Souverain sur ses Sujets ; elle a été formée au contraire pour augmenter cette même autorité ; puisqu'elle assûre à chaque Souverain un sécours certain & invincible contre tous Sujets, toute Ville, toute Province qui refuseroit de lui obéir.

2°. On ne peut pas craindre que l'Union consente jamais à prendre connoissance des Jugemens rendus par un Souverain entre ses Sujets : car qui est-ce qui compose l'Union ? Ne sont-ce pas tous Souverains ?

Ne veulent-ils pas être feuls Maîtres chez eux? Leurs députez peuvent-ils opiner fans leurs inftructions, & fans que ces inftructions foient communiquées? Ainfi comment craindre que ces députez fans un ordre exprès opinent à prendre connoiffance d'une pareille affaire? Et peut-on jamais craindre qu'aucun Souverain donne jamais un ordre qui iroit à lui ôter la Souveraineté qu'il a fur fes Sujets?

LXVIII. OBJECTION.

Vous ne fçauriés me marquer aucun tems (m'a-t-on dit) où l'Union Germanique fe foit faite avec cette convention que les differens entre Souverains & entre Sujets de différens Souverains feront terminez fans Guerre, par Jugement des députez des Souverains, foit dans la Chambre Impériale, foit dans les Diétes, foit dans le Confeil de la Regence entre les intervalles des Diétes, & que nul ne pourra *impunément* refufer d'executer ces Jugemens, fans encourir la peine du Ban. Et une preuve (m'a-t-on dit) qu'il n'y a point en Allemagne d'autre voye que la force pour terminer ces sortes de différens, c'est que l'on a vû dans tous les tems des Guerres entre les Allemands; ainsi c'est une chimére que le *Solon Germanique*, ou *le sage Allemand*.

RÉPONSE.

1°. Il est certain que ces sortes de différents ne se terminent pas tous par la voye des armes, il y a une Chambre Impériale, il y a des Diettes où il se décide quantité de ces sortes de différents: Or si je demande, celui qui est condamné, est-il obligé d'éxécuter la décision? A-t-il une punition à craindre s'il réfuse de l'éxécuter? il n'y a pas sur cela de doute, le fait est certain: donc y a convention, il y a Société qui donne à ces Députez autorité suffisante pour décider & pour terminer sans Guerre ces différents: or pour le but que je me propose, il n'importe de marquer précisément l'année où a commencé la convention, ni entre combien, ni entre quels Souverains elle a commencé, ni qui d'entre eux, ou qui de leurs Sujets a eu le prémier cette idée de prendre une autre voye que celle des armes pour terminer leurs différents futurs, c'est un fait historique qui peut être enséveli dans l'oubli ; il nous suffit que la chose soit pour prouver quelle a commencé d'être, & qu'une convention, qu'une Société semblable est possible.

2o. Qu'importe que cette Société se soit formée en peu ou en beaucoup d'années, cela ne fait rien à la chose, puisque je ne prétens rien, sinon que de montrer que pareille Union se peut faire en pareil espace de tems entre pareils Membres.

3o. Qu'importe qu'il y ait eu des Guerres de tems en tems entre les Souverains Allemans, cela ne prouve pas qu'ils n'eussent une autre voye que celle des Armes, pour terminer leurs différens ; cela ne prouve pas qu'il n'y ait eu un grand nombre de semblables différens terminez sans Guerre par la voye de l'Arbitrage ; cela prouve seulement que la convention ancienne n'a pas toûjours été bien obfervée entre eux, & cela parce que quelqu'un des Membres affifté de quelque Puiffance étrangere a crû pouvoir *impunément* fe difpenfer d'éxécuter les Décifions, & éviter la peine du Ban, cela prouve bien quelques défauts dans cette Société; mais cela ne prouve pas qu'il n'y eût pas de Société, & qu'il n'y en ait encore; & même cela ne prouve nullement que ces défauts foient de telle nature, qu'il foit impoffible ou d'y remédier, ou de les éviter dans la formation d'une pareille Société.

4o. Il eft certain que la Société Germanique, toute défectueufe qu'elle ait été n'a pas laiffé d'épargner par fes Décifions un nombre infini de Guerres entre les Souverains d'Allemagne, & d'y conferver par conféquent un grand nombre de petites & de grandes Souverainetez, qui fans fon autorité auroient été plufieurs fois dépuis fix cens ans englouties les unes par les autres.

5°. Voilà donc une convention formée

formée, une Société permanente établie : elle a donc commencé : or elle n'a pû commencer fans que quelque Souverain, ou quelque Sujet en ait eu la premiére idée, fans que quelqu'un en ait fait quelque efpéce de Projet petit ou grand. Or quiconque a propofé cette idée, quiconque a dreffé le premier ce Projet, ne peut-on pas l'appeller *le Sage Alleman, le Solon Germanique*? Solon fit-il jamais recevoir de Loi fi utile pour Athénes, que celle-ci l'a été pour toute l'Allemagne? Et n'eft-ce pas avec juftice que fes Loix lui ont acquis le furnom de *Sage*? Or qu'importe que nous ayons perdu le nom du Sage Allemand, il n'en eft pas moins certain qu'il y en a eu un, c'eft qu'il eft certain que lorfqu'on voit une Société établie, ou quelque autre établiffement humain, ce n'eft point fuppofer une chimére, que de fuppofer que quelqu'un en a eu la premiére idée, que quelqu'un en a dreffé le prémier Projet, & que fi cet établiffement montre beaucoup de fageffe, on ne puiffe avec raifon donner le nom de

Sage à celui qui en est l'Inventeur. J'espére donc que les personnes équitables ne refuseront pas d'appeller Henry le Grand *le Solon Européen*, puisque c'est lui qui le prémier a dressé le Projet de la Société Européenne.

LXIX. OBJECTION.

L'intérêt des Souverains paroît dans tout l'Ouvrage un peu opposé à l'intérêt des Sujets. D'ailleurs, m'a-t-on dit, vous rétranchés trop scrupuleusement le pouvoir qu'ont présentement les Souverains de se nuire les uns aux autres.

RÉPONSE.

Il est vrai que leurs intérêts sont différens : le Souverain cherche à être heureux par ses Sujets, les Sujets cherchent à être heureux par leur Souverain ; mais quoique ces intérêts soient différens, ils ne sont rien moins qu'opposez : au contraire ils se réünissent au point principal de la Société qui est entre le

Supérieur & les Inférieurs, c'est que leur commune sûreté, leurs communes richesses augmentent à proportion que le Prince est content de ses Sujets, & que les Sujets sont contens de leur Prince, & personne n'ignore que le moyen de dissoudre une Société, c'est de faire qu'il n'y ait qu'une des parties qui y gagne, & que l'autre partie, loin de croire y gagner, croye y perdre : au contraire jamais la Société ne produit davantage à tous les intéressez, que lorsque chacun croit travailler pour soi en travaillant pour les autres.

On ne demande autre chose pour faire un Citoyen vertueux, sinon que pour régler toûjours sa conduite à l'égard des autres, il connoisse toûjours parfaitement ses plus grands intérêts, il verra alors avec évidence combien la vertu, c'est-à-dire, la justice & la bonté lui peuvent apporter d'avantages pour augmenter son bonheur en comparaison de l'injustice ; il est de même évident que pour faire le meilleur Prince du monde, on n'a à souhaitter autre chose, sinon qu'il soit le plus intéressé ; mais le plus habile de tous les Princes, c'est-à-dire, qu'il voye clairement ce qui est conforme à ses plus grands intérêts ; car alors il verra clairement que son plus grand intérêt, c'est de faire sentir sans cesse à ses Sujets les effets de sa justice, de sa bonté & de sa prudence.

Je conviens au reste que pour la sûreté de la Société, je rétranche autant que je puis le pouvoir que chacun des Associez avoit de se nuire, & de se rendre malheureux les uns les autres avant la formation de la Société ; mais c'est pour faire arriver les Souverains au plus haut dégré de bonheur où ils puissent arriver dans leur condition de Souverains, c'est pour leur procurer sûreté entiére de la conservation de leur personne, de leur Maison sur le Trône, sûreté entiére des moins puissans contre les plus puissans, des mineurs contre les majeurs, des imbéciles contre les génies supérieurs, pour leur procurer la même sûreté contre leurs voisins, dont joüiſſent leurs Sujets contre leurs voiſins, & leurs propres domeſtiques ; ſureté entière de terminer leurs différens ſans armes, ſans grands frais, & ſelon l'équité ; enfin ſureté entière de Commerce perpétuel; & par conſéquent d'une augmentation perpétuelle de richeſſes.

Or que l'on compare la valeur de ce je leur propoſe d'abandonner du pouvoir de nuire à la valeur de ce que je leur propoſe d'acquerir par une Paix inaltérable, & l'on verra que ſi d'un côté ils perdent trois, ils gagnent de l'autre trois mille, & qu'ils gagneront d'autant plus dans le Syſtême de la Paix, qu'ils abandonnent plus de droits & de moyens de ſe nuire, droits funeſtes, moyens éxécrables qu'ils avoient dans le malheureux Syſtême de la Guerre.

LXX. OBJECTION.

Henry IV. ne vouloit pas réellement établir la Société Européenne, il vouloit ſous ce beau prétexte former une ligue pour abbaiſſer la puissance de la Maison d'Autriche & s'élever lui-même par cet abaissement ; s'il fut venu à bout de son dessein, il auroit trouvé un prétexte spécieux pour se dispenser de former la Société Européenne, & ce qu'il appelloit la République Chrétienne.

RÉPONSE.

1°. Du moins pensoit-il que les avantages que chacun des Souverains pouvoient tirer de cette Société, étoient si grands, si évidens, si seurs, si durables ; que cela seul suffisoit pour les engager dans la ligue ? Ainsi il ne croyoit pas que ce fût leur proposer quelque chose qui ne s'accordât pas évidemment avec leurs intérêts ; ainsi il ne croyoit pas leur proposer une Société dont ils dussent avoir de l'éloignement : or que fais-je en remettant devant les yeux de ces mêmes Souverains le même Projet, que de suivre l'opinion qu'il avoit que cette proposition convenoit merveilleusement à leurs intérêtts.

2º. Non-seulement il croyoit que cela convenoit à ces Souverains; mais ces Souverains eux-mêmes, & ceux-là entre autres, qui ne dévoient point profiter des Conquêtes que la ligue devoit faire sur la Maison d'Autriche, comme l'Angleterre, les Princes d'Allemagne, Gênes, Florence étoient enfin entrez dans le même Projet, dans les mêmes sentimens que leur proposoit Henry IV. Ce n'est donc pas un Projet qui ne puisse convénir aux intérêts des Souverains d'aujourd'hui ; puisqu'ils ont les mêmes motifs qu'avoient leurs prédécesseurs qui l'avoient agréé.

3º. Comment Henry IV. après avoir formé l'Union dans la vûë de rendre la Société Européenne inaltérable, comment après avoir affoibli la Maison d'Autriche eût-il pû espérer de se dispenser d'entretenir cette Union, lui qui n'eût pas douté que les autres Souverains de l'Union ne se fussent joints à la Maison d'Autriche pour le contraindre à tenir sa promesse, lui qui n'eût pas pû espérer de pouvoir réfifter feul à tous les autres ? On voit donc que c'étoit un Projet très-fensé, très-fage dans la fuppofition qu'il étoit fincére de fa part, & que c'eût été un Projet infenfé dans la fuppofition que ce n'étoit qu'une fourberie, & une feinte de fa part : car y a-t-il rien de plus infenfé que de fe donner beaucoup de peine : de courir beaucoup de dangers, de faire beaucoup de dépenfes pour une chofe auffi odieufe, & auffi évidemment impoffible : tel eft cependant le dernier rétranchement des Contradicteurs opiniâtres de ce Projet.

PROJET DE PAIX PERPETUELLE, POUR L'EUROPE.

SEPTIE'ME DISCOURS.
ARTICLES UTILES.
MOTIFS PARTICULIERS.
RECAPITULATION.

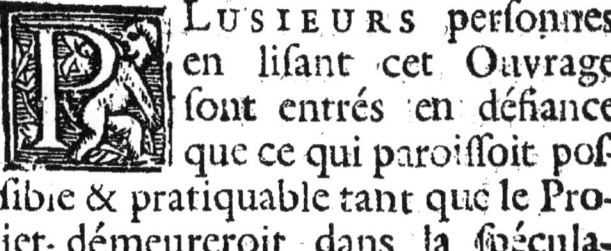PLUSIEURS personnes en lisant cet Ouvrage sont entrés en défiance que ce qui paroissoit possible & pratiquable tant que le Projet demeureroit dans la spécula-

Tome II.   Bb

tion, féroit cependant réellement impoffible, dés qu'on voudra le réduire en pratique. Je conviens qu'il n'eft pas aifé de les raffûrer autrement que par la pratique même ; mais avec une pareille crainte, on ne commenceroit jamais à travailler à aucun établiffement, & cependant la fageffe la plus fcrupuleufe confeille & ordonne d'en entreprendre fur tout ceux qui paroiffent très-importans, & dans lefquels on n'apperçoit aucun obftacle infurmontable, il a donc fallu montrer que ce Projet ne trouvera dans les détails de l'éxécution nulle difficulté que l'on ne puiffe facilement furmonter ; puifque les réglemens que je vai propofer fuffifent pour l'entier établiffement de la Société, qu'il eft facile d'en convénir, ou de quelques équivalens ; & qu'aucun de ces réglemens n'eft impraticable : or c'eft le fujet des *Articles* *les* que l'on va lire.

Je fçai bien que de plus habiles gens que je ne fuis pourront facilement en indique de plus commodes & de plus convénables ; mais en attendant le Lecteur qui a une forte d'impatience de voir du moins en gros la forme que l'on pourroit donner à un si bel établissement, ne sera pas fâché de voir cet essai ; j'avois assemblé un beaucoup plus grand nombre de vûës & d'articles différens ; mais quant à présent il m'a parû plus à propos de ne proposer que ceux-ci : je n'ai pas même voulu donner ici les raisons qui m'ont conduit à proposer chacun de ces réglemens en particulier, parce que je demande qu'on ne les régarde, que comme un essai que je prétens bien mettre en meilleur état, lorsque j'aurai un peu plus de loisir : & alors chaque article sera accompagné de ses motifs.

ARTICLES PROPOSEZ

Comme utiles pour la formation, & pour la conservation de l'Union.

I. ARTICLE.

Sûreté & Priviléges de la Ville de Paix.

La Ville de Paix sera fortifiée d'une nouvelle Enceinte, & on placera des Citadelles autour de cette nouvelle Enceinte ; il y aura des Magazins de vivres & de munitions, & tout ce qui peut être nécessaire pour soûtenir un long siége & un long blocus.

Les Ambassadeurs de l'Union, les Résidens, les cinq Députez de chaque Chambre Frontiére, & surtout les Officiers des Garnisons de la Ville seront autant qu'il sera possible natifs ou habitans & mariés dans la Ville & Territoire de l'Union, les soldats de la garnison seront pris du même Territoire, s'il est possible ; & le reste ne pourra être pris que parmi les Sujets des Républiques de l'Europe.

L'Union par la diminution du contingent, dédommagera les Etats Généraux des Provinces unies de ce qu'ils tirent ordinairement de subsides de la Seigneurie d'Utrech ; ainsi au lieu d'une plus grande somme, ils ne payeront que neuf cens mille livres de contingent, & pour dédommager les Particuliers de la même Seigneurie du préjudice qu'ils pourroient souffrir de ce que leur Souveraineté sera incorporée à l'Union, les Habitans seront non-seulement conservés dans leurs Loix, dans leurs biens, dans leur Réligion, & dans leurs emplois ; mais l'Union leur fournira encore des postes plus profitables & plus honorables, comme Ambassadeurs, Résidens, Juges des Chambres, Consuls, Trésoriers & autres, & à l'égard des subsides ordinaires des Sujets, ils seront diminués de moitié.

II. ARTICLE.

Généralissime de l'Union.

Si l'Union entre en Guerre contre quelque Souverain, elle nommera un Généralissime à la pluralité des voix, il ne sera point de Maison Souveraine, il pourra être révoqué toutes fois & quantes, il commandera aux Généraux des Troupes des Souverains unis, il ne disposera d'aucuns emplois parmi ces Troupes; mais si quelqu'un de ces Généraux ou autres Officiers Généraux désobéissoit ou manquoit à son dévoir, il pourra le mettre au Conseil de Guerre.

L'Union en cas qu'il n'y eût point de Prince de la Maison Souveraine vaincuë, pourra se déterminer à donner en Principauté au Généralissime, tout ou partie de ce qu'il pourra conquerir sur le Souverain ennemi.

ECLAIRCISSEMENT.

On m'a objecté que je donnois bien peu d'autorité au Généralissime ; je sçai bien que moins un Général a d'autorité, moins son Armée est redoutable, je sçai bien que plus il y a de Nations différentes, moins il y a d'union, & par consequent moins de forces ; mais les Princes unis peuvent remédier facilement à cet inconvénient, en fournissant tous chacun un tiers plus de Troupes, & rendant leur Armée trois fois plus forte que celle de l'ennemi de l'Union ; ils le peuvent en faisant chacun moins d'efforts que cet ennemi, & ils ont pour cela trois motifs considérables. Le prémier, c'est que plus ils feront d'efforts pour avoir d'abord une très-nombreuse Armée, moins la Guerre durera ; ainsi la dépense sera réellement moindre, le second qui est le plus important, c'est que plus l'Armée de l'Union sera forte, moins le succés de la Guerre sera douteux. Le troisiéme, c'est que le succés étant certain, chacun sera seur d'être remboursé de ses avances aux dépens du vaincu : il y a donc un moyen avec plus d'argent de remédier à l'inconvénient qui naît du peu d'autorité du Généralissime, au lieu que les plus sages ne voyent aucun moyen de remédier aux grands & pernicieux inconvéniens, qui peuvent naître au préjudice des Membres unis de la trop grande autorité qu'on lui donneroit, en lui laissant la nomination des Officiers.

III. ARTICLE.

Qualitez des Députez, des Vice-Députez & des Agens.

Chaque Prince, chaque Etat tiendra dans la Ville de Paix pendant toute l'année un Député, au moins de 40. ans, & deux Vice-Députez de même âge pour le remplacer en cas d'absence, ou de maladie ; & deux Agens pour remplacer les Vice-Députez.

Les Vice-Députez seront nommez dans les lettres de leur Souverain par prémier & fécond, afin que le prémier en cas de maladie & d'abſence ſuccéde de plein droit au rang, & à la fonction du Député abſent ; les Agens ſeront de même nommez par prémier & fécond, afin que le prémier Agent puiſſe faire la fonction du Vice-Député abſent.

Les Princes qui les nommeront, auront égard dans leur choix à la ſupériorité d'eſprit, à la capacité dans les affaires, à la connoiſſance du Droit public & des diverſes ſortes de commerce, au caractére modéré, patient, zélé pour la conſervation de la Paix, à la connoiſſance de la langue du Sénat, & ſurtout à l'application au travail : chaque Prince pourra les révoquer, & en ſubſtituer d'autres, quand il le jugera à propos, & il ne pourra employer le même Député plus de quatre ans de ſuite dans cette fonction.

Si un Sénateur par ſon caractére d'eſprit ſe trouvoit oppoſé à la Paix, & à la tranquillité, le Sénat pourra aux deux tiers des voix le déclarer incapable d'en faire les fonctions, & ordonner que le Prince sera prié par l'Union d'en nommer un autre, & dés ce jour-là il sera exclû des Assemblées.

Nul ne pourra dans la suite être nommé Député, qu'il n'ait été deux ans Vice-Député, nul ne pourra être Vice-Député qu'il n'ait été deux ans Agent dans la Ville de Paix.

Nul ne pourra dans la suite être nommé Juge d'une Chambre Frontiére, qu'il n'ait démeuré deux ans de suite à cette Ville de Paix.

IV. ARTICLE.

Fonctions des Députez.

Chacun des Sénateurs ou Députez sera tour à tour, & par semaine Prince du Sénat, Gouverneur ou Directeur de la Ville de Paix, il présidera aux Assemblées générales, & au Conseil des cinq.

Il y aura un Conseil de cinq Sénateurs déstiné à gouverner les affaires journaliéres, preſſantes & importantes, qui régarderont la ſûreté des Sénateurs & de la Ville de Paix, le mot du guet, les ordres pour arrêter quelqu'un, &c. le Prince ne pourra donner le mot qu'en leur préſence, ni rien ordonner que de leur conſentement par écrit, à la pluralité des voix.

Le Député du Souverain qui aura ſigné le prémier le Traité d'Union, commencera par être Prince du Sénat, & chacun des autres Sénateurs ſe rangeront dans la Chambre du Sénat, par rapport au rang qu'ils auront tenu en ſignant, en ſorte que celui qui ſe trouvera ſur le banc à la droite du Fauteüil du Prince, lui ſuccédera à cette Dignité, le jour que finira l'exercice du prémier, & celui qui ſortira de fonction ſe mettra à la gauche de ſon ſucceſſeur, & ne redéviendra Préſident, qu'après que tous les Membres de l'Aſſemblée auront préſidé tour à tour.

Lorſque quelque Souverain entrera dans l'Union déja formée, ſon Député ne pourra être Prince du

Sénat que deux mois après la Séance prise ; afin que dans l'Assemblée il ait le loisir d'apprendre l'usage de cette Compagnie, & les fonctions de cet emploi.

La Séance des Sénateurs dans les Bureaux particuliers, dans les Assemblées publiques, se réglera chaque semaine sur la Séance qu'ils prennent dans le Sénat, en sorte que les plus proches de la Principauté auront le pas & la Préséance dans les semaines, où ils en seront plus proches ; mais dans les visites particuliéres, chacun y sera *incognito*, & sans rang marqué.

V. ARTICLE.

Forme des déliberations, &c.

L'Assemblée ne délibérera sur aucun mémoire, qu'il n'ait été signé de trois Sénateurs qui certifieront qu'il est à propos de l'éxaminer, toutes les déliberations se féront sur mémoires imprimés, ils seront distribués par le Sécrétaire à tous les Députez ; huit jours après la distribution on délibérera dans l'Assemblée à la pluralité ; s'il est à propos de faire éxaminer ce mémoire, si la résolution passe à l'examen, le Sécretaire le donnera au Président du Bureau, qui a la connoissance de la matiére du mémoire.

Le mémoire renvoyé à un Bureau, y sera examiné suivant les formes dont on conviendra ; le Président du Bureau donnera au Sécretaire du Sénat l'avis du Bureau avec les motifs, le Sécretaire en fera faire des copies imprimées, qu'il distribuera à tous les Sénateurs ; le jour sera marqué par le Prince du Sénat à la pluralité des voix, afin que chacun y puisse apporter son suffrage, selon l'importance de l'affaire ; le jour marqué arrivé, chaque Sénateur écrira, & signera son avis au pied du mémoire, & le renvoyera au Sécretaire.

Au jour de l'Assemblée le Sécretaire lira de suite tous les avis semblables l'un après l'autre, & les comptera ; & le Prince dira tout haut à quel avis la chose passe,

& le Jugement sera mis au pied du mémoire, apporté à la Sécretairerie par le Président du Bureau, où l'affaire avoit été examinée, le Jugement, ou décision de l'Assemblée sera signé par le Prince, par les Membres du Conseil des cinq, & par le Sécretaire, toutes ces décisions se mettront en divers Régistres, dont on donnera tous les ans une copie imprimée à chaque Sénateur, on fera en sorte autant qu'il sera possible d'éviter de condamner nommément un Souverain par aucun Jugement; mais le Sénat féra une Loi générale sur le fait particulier, qui est à décider, sans nommer aucune partie, afin que le Souverain après cette Loi fasse de lui-même ce qu'elle ordonne.

Dans le prémier Bureau on examinera les lettres des Ambassadeurs & des Résidens de l'Union, & on y fera les réponses, après qu'elles auront été approuvées de l'Assemblée générale, on y choisira les Sujets pour remplacer les Ambassadeurs, les Résidens, les Officiers des

Chambres Frontiéres, les Conseils du Sénat, &c.

Dans le second on choisira les Officiers de la Garnison, on y examinera les affaires de la Guerre, s'il y en a ; le choix d'un Général de l'Union, & ce qui regardera les troupes des frontiéres de l'Europe.

Dans le troisiéme on examinera les affaires de Finances, les comptes, les choix des Officiers de Finances.

Dans le quatriéme on examinera les mémoires sur les Réglemens, qui peuvent regarder, ou l'Union générale, ou la Ville de Paix & son Territoire, ou les Loix des Chambres Frontieres.

Outre ces quatre Bureaux perpétuels, il y aura des Bureaux passagers, formés exprès pour concilier les différens entre Souverain & Souverain : ces Bureaux de Conciliation seront composés de membres nommés par lettres du Sénat à la pluralité des voix, les Commissaires de ce Bureau seront remerciés, & auront une gratification, en cas qu'ils parviennent à la conciliation des

Parties, & à leur faire signer un accord; & en cas qu'ils n'y réüssissent pas, le Président donnera l'avis du Bureau au Secretaire Général, qui en distribuera des copies imprimées à tous les Sénateurs, afin qu'étant informés, ils puissent donner leur avis par écrit en pleine Assemblée au Secretaire, & si après la Loy faite par le Sénat pour tous les cas pareils, il arrivoit que le Souverain qui a tort ne voulût pas déferer à la Loy, alors le Prince du Sénat prononcera un Jugement nommément contre le Souverain, dont la demande, ou la défense n'aura pas parû juste aux autres Souverains.

Ce Jugement arbitral sera prononcé à la pluralité des voix pour la provision, & six mois après par un second Jugement aux trois quarts des voix, pour la définitive; ainsi il y aura toûjours sur chaque différent deux Jugemens.

Il sera marqué un tems pour donner les suffrages, & un tems, tel que les Plénipotentiaires des Etats les plus éloignés, puissent avoir les instructions de leurs Souverains. Si quel-

quelqu'un, ou quelques-uns n'avoient pas reçû réponse dans le délai prescrit, le Sénat pourra à la pluralité des voix, donner un nouveau délai, aprés lequel il sera procedé au Jugement, soit que le Plénipotentiaire, qui refuse de donner son suffrage, soit présent ou absent.

Tous ces Bureaux s'assembleront dans l'Enceinte du Palais du Prince, à moins que la santé du Président d'un Bureau ne demandât que l'on s'assemblât chez lui.

Le Sénat aux trois quarts des voix nommera les Présidens, & les membres des Bureaux qui seront composés de cinq Députez, & de dix Vice-Députez; le Secretaire du Bureau sera Sujet de l'Union, soit par naissance, soit par lettres.

Les Députez des Républiques de Hollande, de Venise, des Suisses & de Gennes seront toûjours du Conseil des cinq, quand un Député d'une de ces Républiques sera Prince du Sénat, la place qui vaquera dans ce Conseil sera remplie tour à tour, à commencer par le Député du Prince qui aura présidé le dernier à l'Assemblée générale.

La langue du Sénat dans laquelle les déliberations seront faites, les mémoires donnez, sera la langue qui se trouve le plus en usage, & la plus commune en Europe, entre les langues vivantes.

Chaque Député aura libre exercice de sa Réligion, un Temple dans son Palais, avec les Ministres convenables, ceux qui seront de sa Réligion, soit de sa Nation, soit d'autre Nation, y auront la même liberté: le Sénat fera trés-expresses défenses, sous peine de prison, & de plus grandes peines, selon les cas, d'y apporter aucun trouble, d'en tourner quelque chose en raillerie publiquement, & de rien écrire, ou imprimer contre elle dans le Territoire de la République, & ce sera une raillerie censée, publique, quand elle sera faite, en présence de quelqu'un de la Réligion attaquée.

L'Union tâchera de convenir du titre, & du poids des monnoyes, d'une même livre, d'un même pied, du même calcul aſtronomique par toute l'Europe; & ſur tout du commencement de chaque année.

ECLAIRCISSEMENT.

Cette convention ſeroit d'une grande utilité, pour rendre le Commerce plus facile, & tout ce qui le rend plus facile l'augmente, & tout ce qui l'augmente enrichit le Peuple & le Souverain.

On pourroit même eſperer de trouver par toute la terre une méſure fixe & immuable, par le moyen du pendule à ſécondes, qui contient un peu plus de trois pieds de France; & ſi l'on avoit trouvé une fois la meſure du pied immuable, il ſeroit aiſé par la même voye de déterminer une livre immuable, en déterminant que la livre eſt la tantiéme partie d'un pied cube d'eau diſtilée.

VI. ARTICLE.

Sûreté des Frontiéres de l'Europe.

Pour la sûreté de l'Union, le Czar fera bien fortifier toutes les Frontiéres du côté des Princes, qui ne seront point de l'Union, elle y entretiendra des garnisons considérables, composées de Troupes de Souverains unis.

Si un de ses voisins armoit plus qu'à l'ordinaire, l'Union armera de ce côté-là, à proportion, & aura un tiers plus de Troupes que ce voisin; & de peur que les Troupes des Souverains voisins ne puissent s'aguerrir plus que les Troupes de l'Union, si ces Princes se font la Guerre, l'Union leur offrira sa médiation, son arbitrage & sa garantie, tant pour les démêlés présens, que pour les démêlés avenir; & se déclarera pour celui qui acceptera.

On conviendra que pour être averti de tout armement nouveau, il y aura des Ambassadeurs & des Réfidens des uns chez les autres.

L'Empereur des Turcs tiendra la même conduite à l'égard des Frontieres qu'il a communes avec les Princes, qui ne feront point entrez dans l'Union.

VII. ARTICLE.

Contingens, ou Revenus ordinaires de l'Union.

Le Revenu de l'Union fera composé du contingent ordinaire que payera chaque Souverain, le contingent fera réglé par provifion, à raifon de trois cens mille livres par an monnoye préfente de France, ou valeur en autre monnoye que payera le Souverain le moins puiffant, qui aura feul une voix, les autres payeront à proportion de leurs revenus ; ce contingent fera diminué dans la fuite eû égard à la diminution des befoins de l'Union, qui aura alors fait fes bâtimens, fes fortifications, fes magafins, &c. le contingent pour les Frontiéres d'Europe, & le contingent en cas de Guerre, seront reglez à proportion par le Sénat.

Le contingent se payera par le Trésorier Général de cet Etat, par parties égales, le prémier de chaque mois, sur la procuration du Trésorier Général de l'Union, & sur la quittance de son Commis, qui résidera dans la Ville Capitale de cet Etat, ce Commis payera par mois les appointemens de l'Ambassadeur, des Résidens & des Juges des Chambres Frontiéres.

L'Union réglera par mois les intérêts des sommes, qui ne seront pas payées réguliérement au Commis du Trésorier pour rembourser ceux qui en auront fait les avances.

ECLAIRCISSEMENT.

Je mets ici pour la commodité du Lecteur, une supputation de fantaisie dans le dessein de lui donner une idée grossiére de cette répartition.

Sçavoir.

Membres de l'Union.

1. France, trois millions.
2. Espagne, trois millions.
3. Angleterre, quinze cens mille livres.
4. Hollande, non compris la Seigneurie d'Utrech, neuf cens mille livres.
5. Baviére avec ses Associez, trois cens mille livres.
6. Portugal, cinq cens mille livres.
7. Suisse & Associez, trois cens mille livres.
8. Florence & Associez, trois cens mille livres.
9. Gênes & Associez trois cens mille livres.
10. L'Etat Ecclésiastique, trois cens mille livres.
11. Venise, cinq cens mille livres.
12. Savoye, cinq cens mille livres.
13. Lorraine, trois cens mille livres.
14. Danemark, cinq cens mille livres.
15. Les Electeurs Ecclésiastiques &

312 *Projet de Paix perpetuelle*,
Aſſociez, trois cens mille livres.
16. L'Electeur Palatin & Aſſociez, trois cens mille livres.
17. Hanovre & Aſſociez, trois cens mille livres.
18. Saxe & Aſſociez, trois cens mille livres.
19. Brandebourg, cinq cens cinquante mille livres.
20. Curlande, trois cens mille livres.
21. Autriche, treize cens cinquante mille livres.
22. Pologne, un million.
23. Moſcovie, trois millions cinq cens mille livres.
24. Suéde, ſept cens mille livres.

Aſſociez de l'Union.

Turquie quatre millions cinq cens mille livres.
Maroc, ſix cens mille livres.
Alger & Aſſociez, trois cens mille livres.
Le total des vingt-ſept contingens, monte à vingt-cinq millions : or pour voir à peu près à quoi ſe montera la dépenſe de l'Union naiſſante, il eſt à propos de la ſupputer,
comme

comme si tous les Souverains d'Europe y étoient entrez ; il sera aisé ensuite d'en rabattre les dépenses, qu'elle ne fera plus, lorsqu'elle sera entiérement achevée.

Je suppose vingt Chambres Frontiéres, dix petites & dix grandes, les petites de dix Juges, les grandes de vingt, avec des Officiers subalternes, qui coûteront le tiers : or chaque Juge a dix mille livres d'appointemens, chaque petite Chambre coûtera avec les Officiers subalternes cent cinquante mille livres, & les dix petites Chambres un million cinq cens mille livres, chacune des grandes coûtera trois cens mille livres, & les dix trois millions, de sorte que le total coûtera quatre millions cinq cens mille livres.

Vingt-sept Députez à soixante-douze mille livres chacun, par an un million neuf cens quarante mille livres.

Cinquante-quatre Vice-Députez à trente-six mille livres chacun, un million neuf cens quarante-quatre mille livres.

Cinquante-quatre Agens à dix-huit mille livres chacun, neuf cens soixante & douze mille livres.

Quarante Résidens à dix-huit mille livres chacun, sept cens vingt mille livres.

Appointemens des Magistrats de la Ville & Territoire de l'Union, trois cens mille livres.

Vingt-sept Receveurs chez les Souverains, à dix mille livres chacun, deux cens soixante & dix mille livres.

Officiers de Finances dans le Territoire de l'Union, trois cens mille livres.

Frais de change, cinq cens mille livres.

Garnisons de Citadelle, y compris les munitions sur le pied de dix mille hommes, le cinquiéme en Dragons, trois millions.

La perte annuelle sur les Magasins de dix-huit mois pour la Ville & Citadelle, environ un million.

Réparations des fortifications & bâtimens, &c. année commune, cinq cens mille livres.

Pensions aux habiles gens dans

chaque art, dans chaque Science, Colléges, Hôpitaux ; bas Officiers, gratifications, faux frais, huit cens soixante & dix-huit mille livres.

Le total de ces dépenses monte à dix-huit millions cinq cens mille livres ; ainsi il resteroit six millions cinq cens mille livres, pour faire les Citadelles, les fortifications de la nouvelle Enceinte, les vingt-sept Palais des vingt-sept Députez, le Palais du Prince du Sénat, les Magasins, les divers Hôpitaux des Pauvres, d'Enfans, d'Invalides, de Malades, soit de maladies ordinaires, soit de maladies contagieuses, & l'amas de cinquante millions de réserve ; mais ces choses & beaucoup d'autres semblables peuvent être aisément réglées entre les Souverains, quand ils seront convenus des principaux articles. Il y a seulement une augmentation de dépense à considérer ; ce seront les Troupes que l'on entrétiendra sur les Frontiéres du Czar du côté des Tartares & de la Chine, & sur les Frontiéres du Grand-Seigneur du côté de Perse, d'Arabie, & d'Abyssinie ; mais ce font de ces articles qu'il sera facile de former, quand on en sera venu à ce point là.

VIII. ARTICLE.

Union Asiatique.

L'Union Européenne tâchera de procurer en Asie une Société permanente semblable à celle d'Europe, pour y entretenir la Paix ; & surtout pour n'avoir rien à craindre d'aucun Souverain Asiatique, soit pour sa propre tranquillité, soit pour son Commerce en Asie.

ECLAIRCISSEMENT.

Outre les contingens précedens, il y aura encore le contingent pour payer les corps de Troupes qui seront l'un sur les Frontiéres des Moscovites & des Tartares, l'autre sur les Frontiéres de Turquie & de Perse ; le troisiéme en Egypte : on peut placer deux corps sur la mer Caspienne. 1º. Afin que l'on puisse aisément communiquer par mer d'un camp à l'autre, & que les deux camps puiſſent ſe prêter mutuellement & plus promtement du ſecours. 2°. Afin que les récruës puiſſent être portées à l'Orient de la mer noire, & qu'elles n'ayent que peu de trajet de terre, on y gagnera les frais de la voiture, & on rémediera aux déſertions. 3°. Afin qu'un même Généraliſſime puiſſe tout gouverner, & pour cet effet l'Union auroit auſſi des Vaiſſeaux ſur la mer Caſpienne, ſous les ordres du Généraliſſime. 4o. Afin que l'argent, les armes, les munitions, les habits & les vivres puiſſent facilement aborder aux deux camps, ſans grands frais.

Or ſi chacun de ces deux corps étoit de ſoixante & quinze mille hommes, & trente mille hommes en Egypte, cela ſuffiroit en tems de Paix, pour aſſûrer les Frontiéres d'Europe, & ſuppoſant que la France ſoit pour la puiſſance, la ſixiéme partie d'Europe ; elle fourniroit au Tréſorier de l'Union déquoi payer trente mille hommes, c'eſt-à-dire la ſixiéme partie des Troupes, dont il y auroit environ six mille sept cens François, & le reste de Nations voisines, ce contingent pour la France ne monteroit pas à quinze millions par an, le Royaume fourniroit sans peine au Roi un pareil contingent, pour éloigner la Guerre de huit cens lieuës de ses Frontiéres, pour purger le Royaume des esprits turbulents & inquiets, & pour être seur de la continuation du Commerce sur ce pied-là, il n'en coûteroit à l'Europe que quatre-vingt-dix millions par an, pour se tenir sur ses gardes contre les Princes d'Asie & d'Affrique; au lieu qu'il en coûte présentement aux Souverains d'Europe plus de deux cens millions pour se tenir sur leurs gardes, les uns à l'égard des autres en tems de Paix, & plus de quatre cens millions année commune pour se soûtenir les uns contre les autres en tems de Guerre, & cette dépense de quatre-vingt-dix millions, ne dureroit même que jusqu'à ce que l'on fût parvenu à former la Société Asiatique: or j'espére montrer dans la séconde partie qu'elle sera beaucoup plus facile à former que la Société Européenne.

ADDITIONS.

J'ai exposé les intérêts qu'ont tous les Souverains & tous les Etats d'Europe en général à former la Société Européenne; j'ai crû qu'avant que de finir il ne seroit pas inutile de faire encore quelques réflections sur les intérêts que peuvent avoir quelques-uns de ces Etats & de ces Souverains en particulier à cet établissement.

Intérêt de la Pologne.

Nous voyons avec horreur les terribles malheurs où est tombé ce grand Etat par la division née entre les Grands du Royaume à l'occasion de l'élection de leur Roi, & cependant ce que nous en sçavons est infiniment au dessous de la désolation réelle de toutes les Provinces, de toutes les Villes, & de presque toutes les familles de cette puissante République ; il n'y a personne qui ne sçache que la durée de ces malheurs est venuë de la presque égalité des Parties ; de ce que chaque parti est devenu, tantôt le plus fort, tantôt le plus foible ; de ce qu'aucun de ces partis n'a pû être promtement & entiérement abbatu ; & enfin de ce qu'ils n'ont eu aucun arbitre ni assez puissant pour les empêcher de prendre les armes & de se ruiner les uns les autres, ni assez bien intentionné pour vouloir terminer sans Guerre leurs différents.

Mais je suppose qu'enfin un de ces deux Rois soit devenu entiérement le maître, qu'il soit en possession paisible, & que la République après de si affreuses agitations soit enfin devenuë tranquille ; qui peut lui donner *sureté suffisante*, qu'à la mort du Roi elle ne rétombera pas dans de pareils malheurs ; est-ce que les Maisons des Grands peuvent être sans jalousie ? Est-ce que les Polonois avenir naîtront tous sans ambition ? Est-ce que dans un si grand nombre il ne pourra plus se rencontrer ni de préfomptueux, ni de broüillons? Est-ce que l'on peut attendre des hommes, que l'intérêt public, prévale toûjours dans leur esprit sur l'intérêt particulier ? Il ne faut pas se flater à la mort de chaque Roi dans un Royaume électif; le feu de la division est prêt à se r'alumer, & tout y sera d'autant plus disposé lors de l'Election prochaine, que le Royaume a eu plus de loisir de nourir des haines de parti, & de s'accoûtumer à vivre dans les désordres des Guerres Civiles.

Or que les plus prudens cherchent un préservatif contre une si dangereuse & si fâcheuse maladie, il n'y en a point d'autres, sinon qu'il y eût en Europe une Puissance supérieure qui fût intéressée, en cas qu'il se formât dans l'Etat deux partis à peu près égaux, de leur imposer l'heureuse nécessité de s'abstenir de la voye des Armes, & de s'en rapporter à son arbitrage, si par les Commissaires médiateurs, elle ne pouvoit parvenir à les concilier.

Mais où trouver cette Puissance

tellement supérieure, qu'aucun des partis ne puisse espérer de lui résister ? Où trouver cette Puissance suffisamment intéressée à entretenir la Paix parmi ses voisins, si ce n'est la *Société Européenne*; de sorte que s'il y a un Etat fortement intéressé à procurer un établissement semblable, on peut dire que c'est la Pologne, soit pour sortir de sa misére, si elle dure encore, lors de l'établissement de l'Union Européenne, soit pour s'en délivrer pour jamais, si la contestation présente se trouve terminée avant cet établissement.

Quoiqu'il puisse y avoir des raisons pour cette République, de désirer plûtôt un des Prétendans d'aujourd'hui que l'autre, cet avantage quel qu'il soit, peut-il jamais être comparé à la milliéme partie des maux qu'elle en a soufferts, & qu'elle en souffre encore présentement? Et est-il nécessaire d'avoir un esprit éclairé pour voir qu'aucun de ces Prétendans ne peut jamais réparer la centiéme partie des dommages que la Guerre a causés dans l'Etat,

& que le plus médiocre Prince *sans Guerre*, leur fera toûjours infiniment plus défirable pour Roi, que le plus excellent *avec la Guerre :* or c'eſt préciſément l'avantage immenſe que les Polonois trouveront en contribuant à établir une Société, qui doit rendre chez eux toute Guerre impoſſible, & qui entrétiendra infailliblement entre eux une Paix inaltérable.

Avantage qu'un Roi ſage peut tirer de l'Etabliſſement de la Société Européenne, pour ſon Succeſſeur Mineur.

Un Roi prudent peut craindre de manquer à ſa Maiſon, & à ſon Etat, avant que ſon Succeſſeur ſoit en âge de gouverner par lui-même; je ſuppoſe qu'il faſſe un Teſtament, dans lequel il tâchera de prévenir les différentes maladies, où les Etats font ſujet dans les Minorités, qu'en prévoyant ſa maladie, il tâche de preſcrire les préſervatifs les plus convenables, & les remédes les plus efficaces, qu'il établisse un Régent, qu'il lui donne un conseil, sans lequel il ne puisse décider de certaines choses importantes, qui seront spécifiées ; je veux qu'il prévoye même à substituer des Ministres habiles à ceux qui pourroient mourir avant la Majorité : je veux que tout soit réglé pour tout le tems de la Minorité, pour les Charges de la Cour, pour les Emplois de l'Armée, pour le gouvernement des Finances, pour le choix des Gouverneurs des Places & des Provinces, pour la distribution des pensions, des gratifications, des Evêchés, des Abbayes & des autres graces ; afin que tout ne soit pas donné à la brigue, à la faveur, que tout ne soit pas au plus offrant, & que le mérite & les talens soient contés pour quelque chose ; à quoi servira le plus sage Testament du monde, & au Roi mineur, & à son Royaume, s'il n'y a aucune sûreté que cet acte soit exécuté seulement pendant trois mois.

Or il ne faut qu'un médiocre usage des choses du monde, il ne faut qu'une médiocre connoissance de ce qui s'est passé dans les Régences précedentes, pour voir 1°. Qu'il est absolument impossible que les Membres du Conseil ne se divisent, & ne cherchent bien plus à se nuire & à se perdre les uns les autres, qu'à servir le Roi Mineur & l'Etat. 2°. Il est impossible que le Régent ne prenne bien-tôt toute l'autorité, soit par les graces qu'il fera aux uns, soit par les menaces & par les punitions, dont il usera envers les autres ; il se rendra bientôt maître absolu dans le Conseil, & se servira des Ministres complaisans, pour chasser avec de spécieux prétextes ceux qui par des vûës de probité, ou par ambition sur le prétexte du bien public, s'accoûtumeroient à lui résister : or de deux choses l'une, ou il se formera une assez forte brigue d'ambitieux, ou de gens de bien dans le Conseil, & alors gâre la division, gâre la Guerre Civile : car elle naît bien-tôt là où les partis sont à peu près égaux, où l'autorité semble se partager & se ranger, partie sous les Etendarts d'un Chef d'une grande Naissance, qu'on dira mal conseillé, partie sous les Etendarts des Ministres qui paroîtront zélez pour le Service du Roi, & pour les intérêts de l'Etat, & c'est de tous les malheurs le plus grand qui puisse arriver à un Royaume, qu'il s'y forme deux partis dont l'égalité puisse subsister.

S'il y a alors du danger pour la personne du Roi Mineur & pour les Loix, à qui les bons Citoyens pourront-ils avoir recours ? Et qui d'entre eux en se plaignant du Gouvernement pourra espérer être en sûreté pour sa vie, & pour sa fortune ? Or si nul ne peut se plaindre avec justice, sans être accablé, si nul ne peut chercher à défendre les intérêts & la vie du Roi Mineur, sans être puni comme criminel ; qui osera parler ? Et cependant si personne ne parle, quel reméde peut-on espérer aux extrêmes malheurs dont on peut être menacé ? Mais quand on pourroit se plaindre impunément ; que servent des plaintes qui ne sont adressées à personne, qui ait & le pouvoir, & la volonté de rémédier au mal, de remettre les choses dans leur prémier ordre, & de faire exécuter par le Régent même, sous des peines très-grandes & très inévitables, les articles essentiels du sage Testament.

Or on a beau chercher, on a beau tourner son esprit de tous côtez; on ne sçauroit trouver autre Puissance que la Société Européenne qui puisse donner *sûreté suffisante* de l'exécution exacte des articles d'un pareil Testament, & supléer à ceux qui auroient pû être omis, soit pour la sûreté du Roi Mineur, soit pour la tranquillité & le bonheur de l'Etat, elle aura certainement un *pouvoir suffisant*; puisqu'elle sera composée des forces de l'Europe entiére, & elle aura certainement la volonté de faire tout exécuter; puisqu'il n'y a aucun des Souverains qui ne soit vivement intéressé à se procurer par un exemple éclatant une protection dont sa Maison peut avoir besoin au prémier jour dans un cas tout pareil.

Il me semble qu'un Roi prudent pour le salut de son Successeur, pour le propre bonheur du Régent & du Conseil de la Régence, & pour la prosperité de son Royaume ne sçauroit jamais rien faire de plus sage, pour être seur que son Testament sera exécuté, & que l'Etat sera bien gouverné après sa mort, qu'en obtenant de l'Union Européenne qu'elle accepte d'être Exécutrice de son Testament, Tutrice du Roi, & qu'elle nomme exprès deux Commissaires pour assister au Conseil de la Régence, afin de rendre compte au Sénat Européen de tout ce qui se passera d'important dans ce Conseil contre les dispositions du Testament; ainsi il est évident que ce Roi ne sçauroit jamais rien faire de plus sage & de plus glorieux que de travailler le reste de sa vie à procurer l'établissement de cette Union, si elle n'est pas déja établie.

Intérêt des Souverains d'Italie.

Je ne sçai pas si la Maison d'Autriche demeurera en paisible possession de Naples & de Milan; mais si cela arrivoit, quelle sûreté auroient les Princes d'Italie, de pouvoir se conserver contre les prétentions, l'ambition & la grande puissance de l'Empereur, surtout s'il se tenoit tout prêt à y entrer en armes à la premiére minorité, ou aux premiéres broüilleries qui peuvent arriver en France, à l'occasion d'une Régence ?

Or si pareil malheur arrivoit à l'Europe, ces Souverains ne seroient-ils pas trop heureux que la Société Européenne fût déja formée ? Et peuvent-ils jamais avoir un intérêt plus pressant de travailler à la former avant que ce malheur puisse arriver ? Ont-ils une négociation plus pressée & plus importante à entamer que celle-là ? Que pensera-t-on de la haute sagesse du Sénat de Venise, si prévoyant l'orage, il ne prend nulles précautions, lorsqu'il est encore tems d'en prendre ? Les Suisses, ces peuples si libres, se laisseront-ils endormir pour ne se réveiller qu'esclaves ? Le Duc de Savoye croit-il avoir sûreté suffisante de posseder tranquillement tout ce qu'il a eu tant de peine à arracher de la Maison d'Autriche, si la France affoiblie par une minorité ne sçauroit lui donner de secours suffisans? Qu'est-ce que vient d'éprouver le Grand Duc? Et que pourra-t-il attendre d'une Puissance pareille? Et si malgré les grandes diversions présentes elle se fait sentir déja si pésante & si formidable, que sera-ce lorsqu'elle ne sera plus affoiblie par des diversions, & qu'elle aura eu le loisir & la facilité de réünir toutes ses forces? Et si cette Maison parle déja avec tant de hauteur à Rome & à Gênes, que sera-ce dans les années que la voix sécourable de la France ne pourra plus s'y faire entendre pour rassûrer les esprits aisez à alarmer? Les plus timides fléchiront dans le moment, & on se servira bien-tôt du grand nombre de ceux qui se seront soumis pour achever de soûmettre le reste de ceux qui auront encore quelque espérance de conserver leur liberté.

Avantages que la Reine Anne, le Roi son frere, & les Anglois peuvent tirer de l'établissement de la Société Européenne.

1º. Je suis persuadé que la Reine n'auroit aucun éloignement d'appeller son frere au Trône, si elle & ses Ministres pouvoient avoir *sureté suffisante* qu'étant reconnu pour présomptif successeur, il les laisseroit gouverner tranquillement le Royaume à leur fantaisie. Or pour avoir pareille sûreté, elle n'a qu'à faire un Traité avec le Roi son frere, y mettre telles conditions & tels articles qu'elle jugera à propos, & stipuler pour l'exécution de tous ces articles la garantie de l'Union Européenne. Or n'est-il pas évident que cette garantie sera parfaitement sûre ? Ainsi la Reine y trouveroit le grand & l'inestimable avantage de conserver le Trône dans sa Maison, sans rien perdre de son autorité & de son pouvoir ; elle n'a qu'à faire elle-même le Projet de son Traité,

& solliciter l'établissement de l'Union.

À l'égard des Anglois, il est de même très-certain qu'ils n'iroient pas chercher un Prince Allemand qui n'est point de la Réligion Anglicane, s'ils pouvoient avoir *sureté suffisante* que les Articles de la Capitulation ou des *Pacta conventa*, qu'ils feroient avec le Roi frere de la Reine sur la Réligion, sur les Loix, sur l'autorité des Parlemens, & sur tous les autres points principaux de leur Gouvernement, seroient réligieusement observez par le Roi. La plûpart ont de l'affection pour la Maison Royale; la plûpart lui ont de grandes obligations, & si leur Réligion & leurs Loix pouvoient être en *sureté*, ils marqueroient tous avec plaisir au Roi leur zéle & leur reconnoissance. Or cette *sureté suffisante*, ils l'auroient visiblement par la garantie de la Société Européenne, sous les yeux de laquelle se feroit la Capitulation Angloise. Ils peuvent eux-mêmes en faire le Projet, & solliciter de leur côté l'établissement de l'Union.

Non-seulement ils auroient garantie & sûreté suffisante par l'établissement de la *Société Européenne*, mais ils peuvent conter que sans cet établissement ils n'auront jamais de pareille sûreté contre les entreprises que feront toûjours leurs Rois quels qu'ils soient, pour acquerir sur eux l'autorité despotique & le pouvoir arbitraire. Les Anglois pourroient stipuler avec leur Roi que pour la conservation de leurs privileges & du Gouvernement présent le Parlement dans les deux Chambres nommeroit *un Conseil perpétuel de la conservation* composé de huit ou dix personnes avec un Président, & que ce Conseil aux trois quarts des voix auroit droit de députer au Sénat, quand il croiroit la Nation lezée par les Officiers du Roi, mais cet établissement si solide pour la durée de leur liberté ne peut jamais être solide sans la garantie de la Société Européenne. Ils ont donc, pour en solliciter l'établissement, le plus grand intérêt qu'ils puissent jamais avoir.

Il est donc visible que si la Société Europoéenne étoit formée, le Roi ne trouveroit nul obstacle & trouveroit au contraire de très-grandes facilitez à se faire réconnoître de toute la Nation pour présomptif successeur à la Couronne, en conservant sa Réligion. Sans cela il est comme impossible qu'il n'y trouve toûjours des obstacles insurmontables, & que les Anglois quelque Roi qu'ils se choisissent, n'ayent toûjours avec celui qu'ils choisiront ou avec son successeur, sur les bornes de son autorité, & pour se garantir du pouvoir despotique dont ils ont si grande frayeur, des démêlez très-fâcheux & des Guerres Civiles très-funestes à la Nation.

Les Anglois ont encore deux intérêts très-considérables à l'établissement de l'Union. Le prémier, c'est pour se délivrer du danger des Guerres Civiles, qui peuvent avant dix ans, & même dans tous les tems arriver chez eux, à l'occasion de la difference de la Réligion Episcopale & de la Réligion Presbytérienne.

Le sécond, ce sera de pouvoir rappeller un grand nombre d'Anglois & d'Irlandois Catholiques, en leur laissant la même liberté qu'en Hollande ; sans que la Nation puisse jamais avoir à craindre qu'ils causent dans l'Etat aucune broüillerie, aucun parti, aucune sédition; or ce rappel ne produiroit pas une médiocre consolation pour ces pauvres Réfugiez & pour leurs parens Protestans.

Intérêts des Mahométans.

Tout le monde sçait que la grande raison qu'ont les Souverains Mahométans de ne point établir de Colléges, & d'éloigner leurs Sujets de l'étude des Sciences & des Belles-Lettres, c'est la crainte qu'ils ont des Schismes & des Guerres que causent souvent les disputes des Théologiens. Jusqu'ici ils ont cru qu'il n'y avoit qu'une profonde ignorance qui pût les mettre à couvert de ce malheur ; mais dès qu'ils verroient qu'étant en *association* avec la Société Européenne, ils auroient seureté de la conservation de la Paix au dedans & au dehors de leurs Etats ; il est vrai-semblable qu'ils prendroient bien-tôt les méthodes des Etats Chrétiens pour l'éducation de la jeunesse, & pour l'avancement des Arts & des Sciences ; ainsi ce seroit pour eux un nouveau motif de contribuer de tout leur pouvoir à former & à affermir ce grand établissement ; l'Eglise y gagneroit, en ce que plus les Mahométans auroient de lumiéres, moins ils seroient attachez à leurs dogmes, & plus ils seroient disposez à sentir la beauté & la perfection de la Réligion Chrétienne.

Intérêt du Czar.

Le Czar a montré la passion qu'il avoit de faire fleurir le Commerce dans ses Provinces, il a pour cela de grands avantages du côté de la nature, le païs est traversé de très-grandes riviéres, il a des Ports sur l'Océan, sur la mer Baltique, sur la mer Noire, sur la mer Caspienne ;

pienne; le Terroir est très-fertile en une infinité d'endroits, le Peuple nombreux; il ne leur manque pour se perfectionner dans les manufactures & dans les arts, qu'un Commerce fréquent & perpétuel avec les Nations les mieux policées: or il vient de voir par expérience combien la Guerre éloigne l'accomplissement des beaux Projets qu'il avoit fait de ce côté-là; ainsi il y a grande apparence que dès qu'il aura connoissance d'un Projet qui doit rendre la Paix perpétuelle parmi les Chrétiens, il cherchera avec empressement tous les moyens de le faire réüssir.

Intérêt des Souverains du côté de la vie future.

Jusqu'ici pour déterminer les Souverains d'Europe à signer le Traité d'Union, & à procurer un établissement qui doit produire une Paix perpétuelle, il m'a parû qu'il suffisoit de leur montrer les divers intérêts qu'ils y pouvoient trouver, par rapport à la vie présente ; mais j'ai compris que pour leur propre bien, & pour le bien de la chose, il ne seroit pas inutile de le leur faire considérer au moins un moment par rapport à la vie future, comme il ne me sied pas de faire le Directeur ou le Prédicateur, surtout dans un ouvrage de la nature de celui-ci ; je dirai en peu de mots les réfléxions qu'un autre pourroit expliquer avec plus de force, & avec plus d'étenduë.

Je ne crois pas que des vingt-quatre Souverains, devant qui cet ouvrage pourra paroître, il y en ait aucun qui borne toutes les espérances de sa félicité à cette vie qui est si courte & si mêlée de maux que la plûpart des hommes sont tentés de croire qu'à tout prendre il y a plus de maux à souffrir que de biens à gouter, cette espérance d'une vie heureuse après la mort entre si naturellement dans nôtre ame, que c'est, pour ainsi dire, le principal fondement des Réligions mêmes les plus fausses ; le bonheur des méchans dans cette vie, les miséres des gens de bien, qui n'arrivent que par les Loix de la Providence, prouvent également que Dieu ne sçauroit être juste, s'il ne punit les uns, & s'il ne récompense les autres dans une vie qui doit suivre celle-ci : il semble que c'est une opinion que tous les hommes tiennent de la nature même, ou plûtôt de Dieu comme auteur de la nature ; ainsi on peut dire que les Souverains Mahométans comme leurs Sujets se gouvernent eux-mêmes dans plusieurs affaires, par rapport à cette espérance ; & à dire le vrai, s'il y a des hommes, s'il y a des Souverains qui soient privés de cette consolation dans leurs disgraces, & de cette agréable idée dans leur vieillesse, ils me paroissent de tous les hommes les plus malheureux.

Or je demande si un Souverain qui peut épargner à tous les Fidéles, à tous les Chrétiens dans l'espace de cinquante ans des malheurs très grands & qui peut en signant un Traité empêcher une infinité de violences, d'emportemens, de transports, de rage, & de colére, une infinité d'homicides, de facriléges, de vols, d'éxactions injustes & d'autres crimes qui font très-puniffable devant Dieu ; je démande, dis-je, fi ce Souverain n'eft pas obligé de le figner, furtout fi dans ce Traité il n'y peut rien perdre de fes intérêts temporels ? Je demande s'il peut raifonnablement efpérer une vie heureufe après fa mort, & s'il peut raifonnablement s'empêcher de craindre une vie très-malheureufe, en réfufant de procurer à tant de familles de fi grands biens, & en négligeant d'empêcher un fi grand nombre de fi grands maux ?

Or le bien va croître infiniment, le mal de même, & la multitude des crimes fera réellement prefque infinie ; fi au lieu de cinquante ans on fonge que par ce Traité ce Souverain n'ôte rien à fon Etat, ni à fes Sujets, ni à fa Maifon, qu'il épargne pour toûjours aux Fidéles tous les maux de la Guerre, & qu'il empêche jufqu'à la confommation des fiécles tous les crimes qui en font des fuites prefque néceffaires : je mets en fait qu'il ne fe trouvera en Europe aucun Casuiste qui dise, qu'en pareille conjoncture un Souverain en réfusant de travailler à procurer la Paix perpétuelle, puisse être en sûreté de conscience, qu'il puisse avec quelque fondement espérer la vie future; je mets en fait qu'il ne s'en trouvera pas un qui ne croye que ce soit un très-grand crime, que de pouvoir empêcher une infinité de crimes, & ne les pas empêcher, & qu'un pareil crime est du nombre de ceux qui damnent éternellement.

J'irai plus loin, je mets en fait qu'il ne se trouvera pas même parmi les Mahométans un homme de Loi, qui ne soit sur cela de même avis, c'est qu'il suffit de n'avoir pas perdu entièrement les lumières naturelles, & d'avoir encore quelque idée du bien & du mal, du juste & de l'injuste, pour sçavoir que Dieu qui est la justice même ne récompense point les Souverains méchans, & qu'il les punit à proportion de leur méchanceté, & que c'est être extrêmement méchant de pouvo empêcher un grand nomtire de malheurs & de grands crimes, en signant un Traité plein d'équité, & de résister opiniâtrement à le signer.

En voilà assez, & le peu que je viens de dire suffit aux Souverains pour y faire une attention sérieuse. En voilà assez pour mettre les Ministres de leur conscience dans l'obligation de leur répresenter la verité : au reste cette nouvelle consideration peut-elle être regardée comme inutile à l'établissement de l'Union entre les Princes Chrêtiens ; & si elle peut y être utile, peut-on me réprocher d'avoir essayé de la mettre en œuvre, & d'avoir montré que l'espérance d'une félicité présente, & la crainte des malheurs temporels sont des motifs d'autant plus puissans qu'ils sont ici étroitement liés avec l'espérance de la félicité future, & avec la crainte salutaire des malheurs éternels.

Intérêt d'un Royaume prêt à tomber en Minorité.

Autant qu'un Royaume est éloigné des Guerres Civiles sous le Régne d'un Monarque d'un caractére ferme, constant, & d'une autorité absoluë; autant est-il proche de tomber dans le précipice sous une Régence où l'autorité est partagée entre le Régent & le Conseil de la Régence.

Il est impossible, quand les hommes ont quelque chose à partager, qu'ils bornent tous si juste leurs prétentions à l'équité, à la justice, que l'un ne demande pas plus que l'autre croit lui devoir accorder; de sorte que c'est une nécessité qu'ils soient divisés, & quand ils ne reconnoissoient point d'autorité supérieure pour régler leurs différens, ils sont prêts les uns & les autres à chercher à les décider par la voye de la force, & ils s'y portent de chaque côté avec d'autant plus de précipitation, que chaque parti craint d'être prévenu par le parti opposé,

& que le prémier qui a les armes à la main, a un avantage presque décisif.

Il me semble donc que les bons Citoyens, c'est-à-dire, ceux qui craignent la Guerre Civile doivent souhaiter, ou que dans la Régence toute l'autorité réside en une seule Téte, même médiocre & médiocrement bien conseillée, de peur que le partage de l'autorité n'allume la Guerre entre les Citoyens, ou que si par un Testament cette autorité se trouve partagée, il y ait en Europe quelque Puissance supérieure, qui veüille faire exécuter le Testament. Supposé donc que l'autorité de la Régence soit partagée, les bons Citoyens n'ont rien tant à souhaiter que l'établissement de la *Société Européenne*, afin qu'en cas de contestation sur le partage de l'autorité, les Prétendans puissent être ou conciliez ou jugez par le Sénat ; mais ce qui est de plus important au Royaume, c'est qu'aucun des partis ne songera à prendre la voye de la force ; ainsi ce ne sera qu'un Procez à l'ordinaire dont les Sujets feront spectateurs, ce procez ne troublera point le Commerce, & n'armera point les parens contre les parens, les familles contre les familles d'une même Ville, les Villes contre les Villes d'une même Province, la Capitale contre la Cour, & les Provinces les unes contre les autres.

Plus il y a dans l'Eglise d'un Etat d'Evêchés, d'Abbayes à distribuer, plus il y a dans le Gouvernement politique de Charges à remplir, de Dignitez à conférer, d'Emplois, de Pensions à donner, soit à la Cour, soit dans la Magistrature, soit dans les Finances, soit dans la Guerre, soit dans le Commerce, soit dans les Arts, & dans les Sciences; plus chacun de ceux qui ont part à l'autorité est jaloux d'en avoir une plus grande portion : or ce prodigieux nombre de nominations, qui appartiennent au Monarque, feront l'objet de l'envie de tous ceux qui auront part à l'autorité Royale : d'un autre côté si on n'est point obligé de suivre leur avis dans ces nominations, leur autorité n'est plus rien, & leur voix ne décidera de rien d'important ; puisque ce qu'il y a d'important dans l'Etat, & d'intéreſſant pour les Sujets, c'eſt la diſtribution des graces, des Penſions, des grands & des petits Emplois publics. Voilà donc une ſource de partis, de cabales & de ſéditions.

Nous avons encore malheureuſement dans la plûpart des Etats d'Europe une autre diſpoſition à la Guerre Civile ; c'eſt le mauvais état des affaires d'une partie des Citoyens, qui ſe ſont bien plus ruinez par leur luxe, qu'ils n'ont été appauvris par la grandeur des ſubſides, ceux qui devoient donner l'exemple aux petits, ont mis l'honneur & la diſtinction à avoir de grands équipages, plûtôt qu'à avoir de pauvres Penſionaires ; à bâtir des Palais, plûtôt qu'à ſoûtenir de pauvres Communautez ; à acheter des meubles, des habits magnifiques, plûtôt qu'à aider de pauvres ouvriers, à faire de groſſes pertes au jeu, plûtôt qu'à donner une partie de ces groſſes pertes pour ſoulager les Hôpitaux, à tenir des tables délicates, plûtôt qu'à donner aux Pasteurs dequoi soulager les Mendians, & aux Magistrats dequoi faire cesser la mendicité ; ils nous ont montré à placer mal nôtre goût pour la distinction: nous avons à leur exemple non-seulement tourné nôtre dépense de ce côté-là ; mais nous y avons encore tourné nôtre esprit, chacun a voulu se faire honneur d'inventer quelque chose de nouveau du côté du luxe, au lieu de vouloir tirer de la gloire des nouvelles inventions, propres ou à faire cesser la misére des pauvres ; ou du moins à la diminuer.

Après une si grande corruption, après une si grande indigence causée par le luxe, il ne nous manque plus pour comble de malheurs que l'embrasement d'une Guerre Civile, & jamais les esprits n'y sont plus disposés, que lorsque chacun mécontent de sa situation présente, croit follement que toute autre ne sçauroit être pire, tout homme sage doit trembler, & sur tout les riches, en voyant que nous tombons à chaque inſtant nous autres Européens, & que nous allons rouler dans le précipice, à moins que chacun de ſon côté ne travaille ſérieuſement ſelon ſon pouvoir & ſon crédit, à faire goûter aux Puiſſances le ſeul établiſſement qui peut nous garantir de toute Guerre au dehors & au dedans, & qui nous aſſûre la continuation du Commerce intérieur & extérieur, en nous aſſûrant une Paix perpétuelle.

Intérêt des Etats qui peuvent craindre des partis à l'occaſion des differents de Réligion.

Il eſt certain qu'il y a en Europe pluſieurs Etats qui ont à craindre des Guerres Civiles à l'occaſion des démêlez des Théologiens. Or il eſt évident que ſi l'Union Européenne étoit formée, elle ne termineroit pas à la vérité les diſputes des Théologiens, ni n'empêcheroit pas qu'il n'en vint de nouvelles, ils en ont pour juſqu'à la fin des ſiécles ; mais il eſt ſeur que ces diſputes, que ces partis ne féroient jamais prendre les armes à perſonne, & que l'évidence pourroit quelque fois naître de la diſpute, & la terminer, & cela ſans que le répos des Citoyens courût jamais aucun riſque ; mais ſi l'Union Européenne ne ſe forme pas bien-tôt, beaucoup d'Etats ont beaucoup à craindre de la maladie du ſchiſme.

Quand on voudra parcourir les intérêts particuliers de chaque Etat d'Europe, pour entrer dans l'Union, on en trouvera, je crois, de très-puiſſans ; c'eſt que la Païx eſt le fondement de tous les intérêts ; mais juſqu'ici je ne ſuis pas aſſez inſtruit de ces détails, pour les repréſenter à chaque Souverain & à chaque Nation.

Intérêt des Suiſſes.

Tout le monde ſçait que depuis deux ou trois mois la Guerre s'eſt allumée entre les Cantons Suiſſes, je ne ſçai point les droits des Prétendans ; mais ce qui eſt certain, c'eſt qu'ils n'ont point de préſervatif suffisant contre la voye des armes ; puisqu'ils ont armé les uns contre les autres, & qu'ils ont déja combattu. Voilà deux partis qui ont des opinions & des prétentions opposées. Ne dévroient-ils pas avoir tellement établi entre eux la voye de l'arbitrage, qu'il fût impossible de récourir à la voye des armes pour terminer de pareils différents ? Il manque donc quelque article essentiel à leurs Loix conventionelles. Et qui ne sçait que la Loi est très-défectueuse, quand elle ne prévient pas le mal, soit qu'elle n'établisse pas assez bien des Juges perpétuels, soit qu'elle ne les établisse pas assez puissans, soit qu'elle ne les intéresse pas assez à punir ceux qui prennent une autre voye que leur décision ; soit enfin que la peine des contrevenans ne soit ni assez grande, ni assez certaine ?

Voilà de grands frais pour eux ? Voilà des morts, des blessez, des incendies, des familles ruinées & désolées. Voilà leur Commerce interrompu. Voilà les plus foibles réduis dans la nécessité d'appeller les étrangers à leur secours. Voilà leur société ; & par conséquent leur liberté, leur tranquillité, leur sûreté réciproque très-ébranlées. Voilà des pertes considérables pour les Particuliers & pour l'Etat, non-seulement pour le présent ; mais des miséres semblables à craindre pour l'avenir : ils ont même une grande disposition à la division, c'est la diversité de Réligion.

Or cet évenement n'est-il pas encore une preuve manifeste, que le plus grand intérêt des Suisses, comme des autres Républicains, c'est d'éviter la voye des armes pour terminer leurs différents, & qu'ils ne sçauroient jamais obtenir un si grand avantage que par la formation de la Société Européenne ?

RECAPITULATION.

S'il y a jamais eu un ouvrage, qui ait eu besoin de récapitulation, c'est celui-ci. 1°. C'est un Projet de la derniére importance pour le répos & pour la félicité de l'Europe ; ainsi il n'y a rien à négliger pour le faire réussir. 2º. Il a le désavantage d'être composé d'idées nouvelles, ou du moins qui paroissent nouvelles, & auxquelles le Lecteur ne peut pas être accoûtumé ; ainsi il faut lui aider à se rappeller les jugemens qu'il peut avoir portés sur chaque discours. 3°. Pour être en état de bien juger d'un ouvrage plein de raisonnemens, il faut non-seulement avoir examiné chacun d'eux en particulier; mais il faut s'il est possible les voir plus serrez, & plus près les uns des autres, pour mieux sentir l'effet du tout ensemble. 4º. Si la chose est nécessaire, seulement pour bien juger d'un sistême de pure spéculation, ou du travail de l'Auteur, elle est encore plus nécessaire lorsqu'il s'agit de déterminer le Lecteur à agir en consequence de sa lecture : or cet ouvrage aura de deux sortes de Lecteurs, les uns en petit nombre & très-importans, ce seront, ou les Souverains, ou les Ministres des Etats d'Europe, ou ceux qui environnent les Ministres, & qui ont le plus de crédit dans leur esprit. Il s'agit de de déterminer les Souverains à former un Comité, une jonte, un Bureau, une Congregation, un Conseil exprès, pour examiner si l'on ne peut pas tirer de ce mémoire quelque chose d'utile pour le Souverain & pour ses Sujets, & en former quelque chose, qui soit propre à mettre en négociation avec quelques Souverains voisins. Les autres font la foule des Lecteurs qui ne peuvent autre chose, sinon de procurer des traductions fidelles & des éditions nouvelles; & par le concours & le concert de toutes leurs voix presser ceux qui sont dans le ministére, d'éxaminer l'ouvrage, ou plus promtement, ou avec plus d'attention; & c'est toûjours les déterminer à à agir: or dans tous ces cas, il me semble que c'est à l'Auteur à soulager la mémoire des Lecteurs, & qu'il est de son devoir de remettre devant leurs yeux en abregé, en huit ou neuf feüillets, ce qui a pû leur faire plus d'impression, & qu'ils n'ont pû voir en détail, qu'en plus de huit ou neuf cens pages.

Les Souverains les plus puissans ont senti dans tous les siécles, comme les moins Puissans, les avantages de la discontinuation de la Guerre, presque tous, & particuliérement les moins Puissans, & ceux qui sur la fin de leur Régne, sont prêts de laisser leurs Etats à des Régens, seroient fort aises d'assurer à leurs Successeurs une Paix inaltérable, au dedans & au dehors, & une protection vive & toute puissante contre les conspirations des Sujets, il n'y a aucun d'eux qui n'ait senti le dommage que lui apportoit l'interruption du Commerce, & le poids d'une dépense prodigieuse; tous ont désiré non une Tréve, mais une véritable Paix: une Paix qui pût toûjours durer, & de ceux-là ont toûjours été les plus sages d'entre les plus puissans, les Princes les moins puissans, toutes les Républiques & tous les Etats Républiquains.

Mais quels préservatifs ont-ils trouvé jusqu'à présent pour éviter la Guerre ? Les seuls Traités, c'est-à-dire, des Traités dans lesquels ils se font mutuellement des promesses, préservatifs vains & entiérement inéficaces. L'expérience ne nous prouve que trop leur inéficacité.

1°. Entre ceux qui font des Traités, plusieurs les signent malgré eux; & forcés par une grande crainte, c'est le plus foible qui céde contre son gré au plus fort, & qui n'attend que l'occasion favorable pour rompre le Traité, & pour se dispenser de tenir sa promesse.

2°. Quand les promesses auroient été faites sans aucune contrainte, souvent une des Parties se trouve lezée, & se repent; & comme elle peut *impunément* ne point éxécuter le Traité, sur le moindre prétexte, le Traité ne s'éxécute plus.

3°. Les Souverains ont beau s'imposer des Loix par leurs Traités, pour les cas arrivés; il en arrive tous les jours d'autres qu'ils n'ont point prévûs, & qu'ils n'ont pas même pû prévoir; & c'est un beau prétexte à celui qui se croit le plus fort de demander au delà de l'équité, & de rentrer en Guerre, parce qu'il la peut recommencer *impunément*.

Nous avons remarqué que les Particuliers qui vivent dans une Société permanente, dont ils sont Membres, ne sont pas dans un pareil inconvenient ; leurs différents se réglent, ou par les promesses mutuelles écrites dans des Traités, ou par des Juges députez par la Société, pour régler les cas qui n'ont pas été prévûs dans leurs Traités, & cela sans qu'aucun d'eux ose prendre les armes : pourquoi exécutent-ils ponctuellement leurs promesses mutuelles, c'est que la Société permanente en est garante, & qu'elle est prête de prêter sa force, pour contraindre celui qui voudroit se dispenser de tenir sa promesse ? Pourquoi exécutent-ils ponctuellement les Jugemens des Députez de la Société, je veux dire des Juges, c'est qu'ils ne peuvent *impunément* faire sur cela la moindre résistance ? Pourquoi le plus fort, le plus violent, le plus emporté n'ose-t-il prendre les armes ? C'est qu'il sçait, à n'en pouvoir douter un seul moment, qu'il ne peut exercer aucune violence *impunément*, & qu'il y va non-seulement de sa fortune ; mais encore de sa vie, à causer la mort de quelqu'un, soit par lui-même, soit par ses gens ; ainsi point de Guerre entre les Membres d'une Société permanente, il y a des différents ; mais tous se terminent *sans Guerre*, & le Commerce va toûjours son train.

Les Souverains d'Europe, faute de *Société permanente* entre eux, ont bien senti qu'ils étoient exposés nécessairement aux malheurs d'une Guerre presque perpétuelle : dans cette situation ils n'ont eu en vûë que de se garantir des derniers malheurs, c'est-à-dire d'être chassés du Trône par les Vainqueurs.

1°. Dans les tems de Tréve ils se sont tenus sur leurs gardes les uns à l'égard des autres, de peur des surprises, Places fortifiées, munitions, magasins, gens de Guerre sur pied ; toutes choses qui coûtent une très-grande dépense ; mais dépense absolument nécessaire, jusqu'à l'établissement d'une Société permanente.

2°. Les plus foibles ont cherché à faire des confédérations contre les plus forts, Traités de ligues offensives & défensives ; mais Traités peu durables, presque inutiles, parce que chacun des Conféderés peut se détacher *impunément* de la confédération ; ainsi de ce côté-là nulle *sureté suffisante*.

3°. Quand en Allemagne on a vû deux Souverains dont la puissance étoit formidable, les plus foibles, de peur d'être accablés par l'un ou par l'autre, ont cherché à les tenir divisés ; & dans une sorte d'équilibre de puissance, quand les Souverains d'Europe ont vû la Maison de France, & la Maison d'Autriche, dévenuës beaucoup plus puissantes que les autres : ils ont mis tout en œuvre pour les tenir divisées, & dans une espéce d'équilibre de puissance. Voilà tout ce que les plus habiles Politiques dans la nécessité d'être dans une Guerre perpétuelle, ont pû jusqu'à présent imaginer pour empêcher le plus fort de détruire le plus foible, & pour se conserver tous mutuellement dans leur Territoire, dans leur Réligion, & dans leurs Loix.

pour l'Europe.

On a vû combien cette idée d'Equilibre est peu solide, & combien une *Société permanente* qui s'établiroit entre les Princes d'Europe auroit d'avantages sur l'Equilibre, que cette Société feroit exécuter ponctuellement les promesses, c'est-à-dire, les Loix que s'imposeroient eux-mêmes les Souverains par leurs Traitez, qu'aucun ne pourroit s'en dispenser *impunément* qu'à l'égard des differens qui pourroient naître, ou pour des cas mal exprimez dans les Traitez, ou qui n'y auroient point été prévûs, ils feroient réglez par les Souverains eux-mêmes par l'organe de leurs Députez, & que personne ne pourroit se dispenser *impunément* d'éxécuter ces Jugemens, qu'aucun ne pourroit *impunément* prendre les armes pour résister à la Société, qu'ainsi il n'y auroit plus de Guerre à craindre, soit au dedans, soit au dehors, qu'il n'y auroit plus d'interruption de Commerce, que chacun d'eux seroit délivré des grandes dépenses nécessaires, soit pour se tenir sur ses gardes en tems de Tréve, soit pour se défendre en tems de Guerre, que le Systême de l'Equilibre ne pouvoit jamais procurer de pareils avantages, & que les Allemans ayant par de tristes expériences, reconnu pour un préservatif très-insuffisant, ce Systême d'Equilibre, avoient porté leurs vûës, jusqu'à former entre eux une *Société permanente*.

J'ai fait faire réflexion sur la vie malheureuse des Sauvages. Ils ne dépendent à la vérité d'aucun Souverain, d'aucunes Loix, d'aucune Société ; mais à cause des nécessitez de la vie, ils dépendent extrémement des Saisons; ils dépendent même des bêtes féroces, & ce qui est de plus terrible dans leur dépendance, ils dépendent de leurs voisins qui sont autant de bêtes féroces qui peuvent tous les jours leur ôter *impunément* leurs biens & la vie même. Ils n'ont point le sécours des Arts & du Commerce, parce qu'ils n'ont point de Loix, ni de Société permanente qui puissent *punir* les infracteurs de Loix. Ils ont beau faire des Traitez de famille à famille, de Village à Village ; ils ont beau se faire des promesses réciproques pour joüir en Paix de leurs possessions, ils n'ont nulle sûreté de leur éxécution. Les plus foibles ont beau faire des Confédérations pour se garantir de la violence des plus forts ; ils ont beau tenter de les tenir divisez & de maintenir une sorte d'Equilibre entre eux, toutes ces précautions sont inutiles, tant qu'il n'y a point entre eux de *Société permanente suffisamment puissante & suffisamment intéressée à punir les infractions.* On a pû facilement remarquer la différence de nôtre vie à la leur. Nous dépendons à la vérité des Loix & d'une Société protectrice de ces Loix ; mais nous ne dépendons plus les uns des autres ; nous ne sommes plus ennemis mortels ; nous ne sommes plus, comme eux, bêtes féroces les uns à l'égard des autres ; nos conventions sont observées, parce qu'on ne peut plus les enfraindre *impunément* ; ainsi nous avons les Arts & le Commerce, & avec le secours des Arts & du Commerce nous avons toute la sûreté, toute la sécurité, toutes les commoditez & tous les agrémens de la vie. Qui feroit affez extravagant pour préferer la vie des Sauvages, avec leur indépendance de toutes Loix, jointe à la dure & perpétuelle dépendance les uns des autres, à la vie que nous menons dans une parfaite indépendance les uns des autres, jointe à nôtre dépendance des Loix ? Qui feroit affez infenfé pour préferer leur mifére à nôtre bonheur, les plus riches d'entre eux aux plus riches d'entre nous ? Or j'ai montré, & ce me femble avec affez d'évidence, que les Souverains d'Europe, faute de Loix, de Convention, faute de Société permanente entre eux demeureroient toûjours ennemis, & dans une terrible dépendance les uns des autres ; ainfi le Lecteur a pû voir que s'ils venoient un jour à former une Société permanente, leur bonheur augmenteroit en même proportion en vingt ans, que le bonheur d'une famille Sauvage augmenteroit en pareil efpace de tems, fi on la tranfportoit du fonds d'une forêt du Canada dans quelque Ville riche & bien policée d'Europe.

Inutilité des Traités pour se préserver de la Guerre en Europe, inutilité du Systême de l'Equilibre, pour la conservation des Etats & du Commerce. Voilà ce que l'on a vû dans le prémier discours; mais y a-t-il quelque autre préservatif possible, & cette Société Européenne qu'on propose, n'est-elle pas une idée impraticable ? N'est-ce point une de ces belles visions qui à cause des défauts de la nature humaine, & du caractére ineffaçable des Souverains ne peut jamais avoir d'éxécution, c'est une idée nouvelle, & par conséquent suspecte d'impossibilité; si ç'eût été quelque chose de praticable : pourquoi ne fût-elle pas venuë à tant d'habiles Princes, à tant de Ministres qui désiroient une Paix perpétuelle. Si elle leur est venuë, c'est encore pis; puisqu'il faut qu'ils l'ayent abandonnée comme impraticable. Voilà de grands préjugez contre le Projet.

Qu'ai-je dû faire, pour n'être pas jugé comme on dit sur l'étiquette du sac, opposer préjugez à préjugez, & quel préjugé plus fort,

Société permanente à Société permanente semblable à celle que je propose, Société déja toute établie, Société qui dure depuis plusieurs siécles entre Souverains, Société entre deux cens Souverains, les uns fort foibles, les autres très-forts en comparaison des plus foibles : tous fort jaloux de leurs droits, tous dans des haines anciennes, tous dans des intérêts directement opposés, tous n'ayant eu jusques-là que la voye de la force, pour décider leurs différents, tous ayant essayé des Traités de Tréves, des Traités de Paix, des Traités de Commerce, des Traités de ligue offensive & défensive, tous ayant essayé des idées de l'Equilibre, tous voulant s'agrandir, tous avec des passions, les uns jeunes, les autres vieux, les uns modérez, les autres emportez, les uns sages, les autres impétueux & mal conseillez.

Le prémier qui leur proposa entre eux une sorte de Traité, de *Société permanente*, pour terminer sans Guerre leurs différents & leurs prétentions, pût-il se garantir d'être traité de visionaire ? Le préjugê étoit bien plus fort contre lui, qu'il n'est contre moi ; ne lui dit-on pas que si c'avoit été chose possible, Gens plus habiles & plus intéressés que lui à l'imaginer, l'auroient déja imaginé : & que s'il étoit venu à l'esprit de quelques-uns, ils l'avoient rejetté comme une chimére incompatible avec la nature des hommes, & sur tout avec la nature des Souverains ? Je dis que le préjugé étoit plus fort contre lui que contre moi ; c'est qu'il n'avoit nulle Société permanente, qui subsistât entre les Souverains à opposer à ces préjugez, & j'ai la Société Germanique ; cependant heureusement pour le Projet il ne fut point jugé de tous *sur l'étiquette du sac :* quelque Souverain plus sage que les autres, voulut l'approfondir ; il y trouva de la solidité, il trouva le moyen de le faire agréer à quelqu'un de ses voisins, & de proche en proche on se mit à l'éxaminer, d'autres s'y joignirent, ceux-ci en attirérent encore quelques-uns ; enfin avec le tems les obstacles disparurent, &

malgré tous ces puissans préjugez la *Société Germanique* fut formée.

Tel est le prémier préjugé que j'ai opposé aux préjugez contraires; que pouvois-je faire de mieux pour prouver qu'on peut faire un Traité de Société, sinon de montrer qu'en pareil cas, pareilles Parties en ont fait un tout semblable, dont ils se sont si bien trouvé, qu'il subsiste encore dépuis sept ou huit siécles malgré de très-grands défauts, dont il est très-aisé de se garantir dans celui-ci?

J'ai parcouru les motifs que les Souverains Allemands purent avoir dans ces prémiers tems, pour convenir de ce Traité de *Société permanente*; & il ne s'en est trouvé aucun, que n'ayent tous nos Souverains pour en signer un tout pareil: chacun vouloit conserver ses États entiers, tels qu'il les possedoit actuellement, chacun vouloit se procurer par la Société une protection seure & suffisante, pour se garantir soi & ses Descendans Mineurs de toute conspiration, de toute révolte, de toute Guerre Civile, de toute Guerre étrangére, chacun d'eux vouloit tirer de cette Société une garantie suffisante de l'exécution des Traités futurs, chacun vouloit se délivrer des dépenses & des malheurs de la Guerre, chacun vouloit maintenir le Commerce entre les Sujets les uns des autres : Or les Souverains n'ont-ils pas les mêmes motifs? Et n'avons-nous pas vû que comme la Société Européenne sera beaucoup plus puissante que la Société Germanique, il n'y aura jamais à craindre qu'aucun Membre en veüille jamais troubler la Paix, comme il est arrivé souvent en Allemagne, qu'il n'y aura en Europe, ni dans le voisinage de l'Europe aucun Souverain en état de soûtenir ce Membre rébellé, & de le préserver de la peine de sa rébellion ? Or comme la perpétuité de la Paix sera incomparablement plus assûrée dans la Société Européenne, les motifs pour la désirer seront incomparablement plus forts, que ne furent les motifs qui suffirent cependant à former la Société Germanique.

J'ai montré que la crainte d'une grande Puissance étrangére n'étoit pas pour eux un plus puissant motif que la crainte que les Alliez ont de la Maison de France; puisque celle des Alliez ne se contente pas de faire des ligues pour leur sûreté; elle va jusqu'à faire les dépenses nécessaires pour des Conquêtes, que les Alliez n'entreprennent que pour établir cette sûreté : dépenses immenses, où ne s'engagerent jamais les Princes Allemans. J'ai montré par la situation des affaires de l'Europe de ce tems-là, que les Allemands n'avoient aucune Puissance voisine, qui leur pût être formidable, & que les Rois de France n'étoient pas le quart si puissans, que le Roi l'est présentement : les Princes Allemands avoient usé l'expédient de l'Equilibre, ils en étoient désabusez; nos Alliez l'ont mis depuis en œuvre; il ne tient qu'à eux de s'en désabuser.

J'ai parcouru les obstacles que les Souverains Allemands eurent à faire le Traité de Société, & à le mettre en exécution; & nous n'en avons trouvé aucun qui nous soit particulier, & qui n'ait été surmonté.

1°. Les obstacles qui s'opposent à la conclusion d'un Traité de Société, & à la formation de cette Société, sont d'autant plus faciles à surmonter, qu'il ne s'agit d'autre chose, que du consentement des Parties; & ce consentement est d'autant plus aisé à obtenir, que les motifs pour signer le Traité sont plus puissans : or la Société Européenne aura *sûreté suffisante* de la perpétuité de la Paix ; sûreté que n'avoit pas la Société Germanique, & cette sûreté est un motif infiniment plus puissant : donc les obstacles seront plus faciles à surmonter. 2°. Nous avons moins de Parties à faire convenir ; les Allemands étoient plus de deux cens, & nos Souverains ne feront que vingt-quatre. 3°. Les Princes Allemands n'avoient ni un moindre nombre d'intérêts, ni des intérêts moins grands, moins vifs, moins opposés à concilier. 4°. Il n'y avoit pas entre eux une plus grande inégalité de Puissance ; puisqu'il y avoit des Souverains vingt fois, trente fois plus puissants que quelques uns de leurs voisins. 5°. Ces plus puissans de ce tems-là, n'avoient pas moins de prétentions & d'espérances d'agrandir leur Territoire, que les plus puissans d'aujourd'hui ; ainsi il est réel qu'ils avoient des obstacles que nous n'avons pas, & que nous n'en avons aucun présentement, qu'ils n'eussent alors; & cependant malgré tous ces obstacles, le Traité se signa, la Société se forma. 6°. L'Allemagne étoit en ce tems-là beaucoup plus étenduë, & j'ai montré qu'attendu l'amelioration des chemins par les défrichemens des Forêts, par l'établissement de plusieurs Bourgs, par la construction des Ponts, des Chaussées : attendu la sûreté des Voyageurs, l'établissement des Postes, & l'invention des Chaises de Postes ; il n'étoit pas plus facile alors aux Souverains éloignez d'avoir des nouvelles de leurs Députez à la Ville de la Diette d'Allemagne, & d'en avoir en peu de jours, qu'il le sera aux Souverains éloignez d'Europe,

pour l'Europe. 371
d'avoir des nouvelles fréquentes, & en peu de jours de leurs Députez à la Ville de la Diette d'Europe.

Après avoir parcouru les motifs & les obstacles, j'ai parcouru les moyens qu'eurent les Souverains Allemands, pour faire leur Traité, & pour établir cette Société, & il se trouve qu'ils n'en eurent aucun que nous n'ayons;& nous en avons même qu'ils n'avoient point. 1º.Ils convinrent de se contenter de la possession actuelle. 2º. Ils convinrent de la voye de l'arbitrage, pour déterminer leurs différents futurs. 3º. Ils convinrent que celui qui refuseroit d'exécuter ses promesses, ou les Jugemens des Arbitres, seroit mis au Ban de l'Empire. 4º. Ils convinrent de leurs contingents, de former des Cercles, de la maniére de donner, & de faire compter leurs suffrages : or nos vingt-quatre Souverains votans ne seront-ils pas comme les vingt-quatre Cercles d'Europe ? Et qui peut dire que nous ne puissions pas avec la même facilité qu'eux, convenir des choses à peu près semblables & équivalentes ? 5o. Ils n'avoient point de modéle devant eux, & nous en avons devant nous. 6°. Ils firent la faute de se choisir un Chef perpétuel, & comme ils ont ressenti par leur expérience, à quel point cet article est préjudiciable à leur liberté, nous avons encore un moyen qu'ils n'avoient point, c'est cette malheureuse expérience qu'ils ont faite de l'article du Chef : car c'est un moyen de faire quelque chose de meilleur & de plus solide, que de pouvoir profiter, non-seulement de ce qu'il y a de bon dans un modéle, mais encore de ce qui s'y trouve de défectueux.

On a beau examiner la chose, on n'y trouvera jamais que ces trois points, *Motifs, Obstacles, Moyens*. On a beau se tourner & se rétourner de tous côtez, on ne trouvera rien pour la Société Germanique, qui ne soit, & en plus forts termes pour la Société Européenne : on ne trouvera rien contre la derniere, qui n'ait été & en plus forts termes contre la première ; cependant la premiere s'est formée : pourquoi donc jugeroit-on sans examen, que la seconde est impratiquable?

Mais pourquoi ce Projet qui paroît si simple, si avantageux à tout le monde, n'est-il venu à l'esprit d'aucun Souverain, d'aucun Ministre ? Ce préjugé étoit puissant contre moi; mais j'ai montré qu'il étoit venu à l'esprit d'Henry le Grand, le Duc de Sully habile & sage Ministre, dix ans après la mort du Roi en vante la beauté, l'utilité & la possibilité. Dira-t-on que Henry le Grand n'a fait qu'envisager ce Projet en passant ? N'a-t-on pas vû qu'il y a travaillé douze ans de suite, avec une grande application ? Dira-t-on que lui seul y trouvoit son interêt ? N'a-t-on pas vû que la Reine Elizabeth dès 1601. y trouvoit aussi son interêt, & celui de son Etat ? N'avoit-elle pas beaucoup de lumieres ; & n'avoit-elle pas un Conseil composé des plus grands esprits d'Angleterre ? Ainsi son Jugement, son approbation, son consentement n'est-il pas d'un grand poids?Dira-t-on qu'elle y cherchoit aussi bien que Henry quelque interêt particulier ? Et n'a-t-on pas vû que de toutes les Conquêtes que Henry proposoit de faire, ni lui ni elle, n'en prétendoient retenir aucune chose pour les frais de leur armement ? Dira-t-on que les quinze ou seize autres Potentats, à qui on le proposa ne trouvoient pas leur interêt, eux qui avoient consenti ? Nous avons même fait observer, qu'il falloit que ce Projet parût bien avantageux à Henry & à Elizabeth ; puisqu'ils comptoient de faire une si prodigieuse dépense pendant plusieurs années, pour y parvenir, pour égaler les Puissances, & pour faire des Conquêtes pour d'autres, au lieu que le Plan que je propose ne demande aucune dépense, aucun armement, aucune Conquête.

Henry ne croyoit pas qu'on pût trouver de sûreté suffisante dans la *Société permanente*, à moins que par cet armement il ne fût venu à bout de rendre réellement les Membres de la Société presque égaux en Puissance ; & c'étoit une très-grande entreprise, & peut-être injuste : au lieu qu'en égalant les Puissances par les suffrages, & par le nombre des Soldats de chaque Nation, je remedie à l'inégalité de puissance; la sûreté devient suffisante, & l'on n'est pas obligé d'ôter injustement au plus puissant aucune portion de son Territoire, de ses richesses, de ses Sujets, de ses revenus : en un mot, on ne lui ôte aucune portion de sa Puissance. On se contente de prendre ainsi les sûretez que cette Puissance ne pourra jamais être nuisible à ses voisins, & tout le monde demeure paisible, & dans une sécurité parfaite.

Quand je n'aurois point pour ce Projet d'aussi puissans préjugez, que ceux que j'ai opposé dans le second discours, je serois toûjours en droit (si j'ai raison) d'attendre du Public, qu'il se trouveroit à la longue quelques bons esprits, qui parvenus dans le ministére, feroient valoir mes raisonnemens, chacun auprès de leurs Souverains; & les obligeroient enfin à éxaminer, & à faire éxaminer ce Projet ; mais avec le secours de pareils préjugez, j'ai lieu d'espérer que l'on ne sera pas si long-tems dans les Cours de l'Europe à ordonner cet examen, & pour mieux fonder cette espérance, j'ai tâché d'exposer avec clarté dans le troisiéme discours les principaux avantages que trouveroient tous les Souverains dans la perpétuité de la Paix, si tant étoit qu'on pût trouver les moyens de la rendre perpétuelle.

Sur les avantages du Systême de la Paix, il a fallu rabattre les avantages du Systême de la Guerre ; & voir, pour ainsi dire, ce qui en restoit de bon : le premier avantage vient de la seureté que chaque Souverain acquiert contre les diverses causes du bouleversement de sa Maison & de son Etat. Il y en a de deux sortes, l'une du dehors par les Guerres étrangéres, soit que ce soit un Conquerant voisin, ou un Conquerant éloigné, soit qu'il vienne seul enflé des succez précedens, soit qu'il soit à la tête des Princes liguez, en prenant le tems d'une Minorité, d'une Régence ce ou de quelqu'autre affoibliſſement de l'État, l'autre du dedans par les conſpirations & par les révoltes. J'ai fait remarquer que le plus puiſſant Prince de l'Europe, tel qu'eſt le Roi de France, n'a pas plus de la ſixiéme partie de la Puiſſance de l'Europe ; qu'ainſi il y a cinq contre un à parier qu'il n'envahira point les cinq autres parties, & que quelqu'un des autres Potentats bouleverſera la Maiſon de France ; ainſi il n'y a rien à gagner pour lui à demeurer dans le bouleverſement du ſiſtême, c'eſt-à-dire, dans le Syſtême de la Guerre ; puiſque ſi lui ou ſes Succeſſeurs peuvent gagner du Territoire, ils en peuvent perdre ; s'ils en peuvent gagner le double, ils peuvent perdre le total, & il eſt cinq fois plus vrai-ſemblable que quelque autre Maiſon bouleverſera la ſienne, qu'il n'eſt vrai-ſemblable que la ſienne bouleverſera toutes les autres ; qu'ainſi le ſiſtême de l'immutabilité étoit de beaucoup préferable au ſiſtéme des révolutions, & des bouleverſemens.

J'ai fait rémarquer que plus les Etats se trouveroient puissans, plus il s'y feroit de conspirations, parce que la grande puissance met à couvert l'Usurpateur de la crainte, de la punition dont il pouvoit être menacé par les Souverains voisins; puisque l'on suppose que cette grande Puissance n'a pû s'augmenter que par l'affoiblissement, ou par la destruction entiére de ces voisins, que les Maisons Impériales n'ont pas duré l'une portant l'autre plus de vingt-quatre ans; qu'ainsi plus un Souverain augmentoit ses Etats aux dépens de ses voisins, plus il ruinoit les fondemens de sa Maison, en ouvrant plus de portes aux Conspirateurs: car enfin n'est-ce pas leur ouvrir la porte, que de les asseurer de l'impunité de leur crime? A l'occasion de cette considération, le Lecteur se souviendra du raisonnement que j'en ai fait en parlant d'un Souverain puissant, qui pour ne point abandonner l'espérance d'agrandir son Territoire, a de la peine à se résoudre, à préferer le siftême de l'immutabilité au fiftême des révolutions.

Ou bien il porte fes efpérances fort loin, & jufqu'à la Conquête de l'Europe entiére, ou bien il borne fes efpérances à quelques Provinces de plus.

S'il vife à la Monarchie de l'Europe, il vife fans y penfer à une fituation, ou fa Maifon, fera feurement bouleverfée cinquante ans après ; à caufe de la multitude des Confpirateurs qui fe fuccéderont perpétuellement les uns aux autres.

S'il borne fes efpérances à quelques Provinces de plus, outre qu'il y a autant d'apparence que lui ou fes Succeffeurs auront quelques Provinces de moins ; c'eft que dans le Syftême de la Paix, la feule épargne des dépenfes de la Guerre, & la continuation du Commerce lui vaudra actuellement deux fois plus de revenu, que ces Provinces où il borne fes efpérances.

J'ai montré pour la Maifon de France un prodigieux avantage, qui eft l'article de la fubftitution perpétuelle des deux Monarchies aux Mâses de cette Maison. J'ai montré pour la seureté de l'Europe, que les deux Monarchies ne seroient jamais gouvernées par un même Chef.

J'ai montré combien la voye de l'arbitrage pour terminer les differents étoit préferable à la voye de la force. 1°. En chaque Guerre le Souverain risque tout, au lieu que dans l'Arbitrage il ne risque que ce qui est en contestation. 2°. Il est indispensablement obligé d'entrer en Guerre, dés que ses voisins y entrent, au lieu que dans la voye de l'Arbitrage il ne prend de part aux contestations des autres, que pour ne être Arbitre. 3°. Dans le Systême de la Guerre & des révolutions, chaque Souverain a à craindre ses voisins, & qui ne sçait que l'on dépend réellement de tous ceux dont on a quelque chose à craindre: or dans le Systême de l'Arbitrage les Souverains n'auront point cette sorte de dépendance. 4°. On ne dépend de ses Juges, qu'à proportion de l'importance de ce qui est déferé de leur Jugement. Or j'ai montré que dans le Systême de l'Arbitrage, ce qui fera la contestation ne sera jamais rien de fort important. 5°. S'il est obligé à suivre les autres Jugemens des Souverains, ils sont obligés à suivre les siens ; s'il leur céde le droit d'être jugé par eux, il acquiert en même tems le droit de les juger. 6°. Les Juges sont vivement intéressez à être très-équitables, ils se feroient grand tort s'ils étoient injustes, parce que leurs Jugemens serviroient de régle en pareil cas contre eux-mêmes. 7°. Dans le Systême de la force, les differens ne se terminent jamais que par la destruction entiére d'une des Parties. 8°. Dans ce sistême les frais de la décision sont ruineux pour tous les intéressez.

J'ai montré combien les Loix & les bons établissemens, combien les arts & les sciences se perfectioneroient dans le Systême de la Paix perpétuelle, en comparaison du progrés qu'elles font dans le Systême de la Guerre. J'ai montré quelle difference il y avoit pour la durée des beaux monumens entre le sistême des bouleversemens, & le sitême de l'immutabilité. J'ai montré combien les Souverains qui commenceront l'établissement de la Paix perpétuelle travailleront plus utilement pour leur réputation, que dans le Système de la Guerre; & par conséquent combien seront odieux dans la posterité ceux qui s'opposeront à la perpétuité de la Paix ?

J'ai montré quelle diminution de soins, de chagrins, d'inquiétudes, quelle tranquillité pour les Souverains dans le Système de la Paix, en comparaison de ce qu'il y a à souffrir dans le Système de la Guerre.

On a vû de même quel profit ils tireroient par la continuation du Commerce, & par l'épargne de la dépense des Troupes.

On a vû que le Roi de France, le jour qu'il signeroit son Traité, augmenteroit son révenu annuel de plus de 48. millions, & celui de ses Sujets de plus de cent millions, c'est-à-dire, qu'il feroit un aussi grand profit, que s'il héritoit ce jour-là de quatre Provinces, aussi grandes, aussi riches, aussi peuplées que la

Normandie, que s'il héritoit de toute l'Italie.

On a vû que ce jour-là il acquéreroit une seureté, que le revenu de ses Sujets augmenteroit chaque année de plus de cinq millions; qu'ainsi prenant le dixiéme de cette augmentation, son revenu augmenteroit tous les ans de cinq cens mille livres, & par conséquent il se trouveroit augmenté à la fin de chaque siécle de cinquante millions, & le revenu de ses Sujets de cinq cens millions; de sorte que le revenu du Royaume au bout de deux siécles se trouveroit double, & cela en ne supposant que les mêmes réglemens & les mêmes établissemens d'aujourd'hui.

On a pû voir d'ailleurs que l'on pouvoit facilement ameliorer durant une longue Paix les réglemens & les établissemens : or combien toutes ces améliorations augmenteroient-elles le revenu des Sujets, & par conséquent celui du Roi ? Or le jour qu'il signera le Traité, il acquiérera la liberté, la commodité & la facilité de faire toutes ces améliorations ; ainsi outre la valeur des quatre grandes Provinces, dont nous venons de parler, il acquiert encore une sûreté entiére, que sa Maison, sans faire tort à aucun Souverain voisin, aura encore en moins de deux siécles la valeur d'un autre Royaume par l'augmentation du double de son revenu, & cela outre le plaisir de voir doubler en même tems celui de ses Sujets : il est encore visible que chacun des autres Souverains augmentera de même son revenu & celui de ses Sujets, & aquierera seureté entiére, que le revenu de sa Maison doublera encore avant deux cens ans, aussi bien que celui de ses Sujets.

On a pû voir aussi combien les Maisons Souveraines seroient plus durables dans le Systême de la Paix, que dans le Systême de la Guerre. Or de toutes ces comparaisons, il en résulte, ce me semble, que les avantages pour l'établissement d'une Paix vrayement perpétuelle, sont si évidens, si grands, si sensibles, qu'il faudroit qu'un Souverain fût hebêté pour ne les pas appercevoir, si

on

on les lui expose, & qu'il fût insensé, si les appercevant il ne donnoit pas son consentement au Traité d'établissement ; ainsi je crois avoir démontré dans le troisiéme discours *que si la Société Européenne peut procurer à tous les Souverains sûreté suffisante de la perpétuité de la Paix, au dedans & au dehors de leurs Etats ; il n'y a aucun d'eux pour qui il n'y ait beaucoup plus d'avantages à signer le Traité pour l'établissement de cette Société, qu'à ne le pas signer.* Or comme j'ai tâché de ramasser dans ce discours les plus puissans *motifs* pour cet établissement, il ne me restoit à prouver autre chose, sinon que l'on *pouvoit former cet établissement d'une maniere si solide, qu'il donneroit sûreté suffisante de la perpétuité de la Paix,* c'est ce que j'ai tâché de faire dans le quatriéme discours, & c'est proprement le recüeil *des moyens.*

J'ai réduit ces moyens en differens articles, les uns m'ont parû devoir être comme la baze de tout Edifice, je les ai appellés *fondamentaux* ; je crois avoir démontré, qu'ils étoient & absolument nécessaires,

& entiérement suffisans pour le rendre très-facile, parfaitement solide, & tel qu'il procureroit cette sureté suffisante, si desirée pour la perpétuité de la Paix.

A l'égard des autres articles du Traité qui peuvent être *importans*, ils m'ont parû tels, qu'il étoit aisé d'en convenir, dès que l'on seroit convenu du nombre de suffrages, & de tout décider à la pluralité des suffrages pour la provision, & aux trois quarts pour la définitive.

J'ai montré dans le cinquiéme discours, qu'en quelque tems qu'on pût proposer ce Projet aux Souverains, ils le recevront avec joye, s'ils ont la moindre connoissance de leurs intérêts, & qu'ils le recevront avec d'autant plus de joye, qu'ils seront plus sages & plus habiles.

A l'égard des objections, je n'en ai omis aucune de celles qui sont venuës à ma connoissance, & il me semble qu'elles n'avoient besoin, pour ne plus faire de peine que des éclaircissemens que j'y ai donnés, si je me trompe ; c'est au Lecteur à me faire remarquer en quoi je me suis trompé, & à me montrer que malgré mes réponses, la difficulté subsiste en son entier; & qu'elle suffit pour prouver que le Projet ne peut jamais être agréé, ni en tout, ni en partie par aucuns des quatre ou cinq plus puissans de l'Europe, dans aucune circonstance, soit de Minorité & de Régence, soit de divisions domestiques, soit de mauvais succez dans des Guerres étrangéres; que cette difficulté sera toûjours un obstacle suffisant, pour empêcher qu'aucun Prince moins puissant, & qu'aucun Etat Républiquain ne travaille à l'établissement de la *Société Européenne* : jusques-là je crois être en droit d'espérer que cet ouvrage ne sera pas inutile à la Maison Royale, à ma Patrie, à l'Europe, & au reste des Nations de la Terre.

En répondant aux principales objections, je me suis surtout attaché à montrer une chose, c'est que les plus fortes objections que l'on puisse jamais faire contre le Projet de la *Société Européenne*, on les pouvoit faire également contre le Projet de la Société Germanique, &

contre le Projet de Henry le Grand; il n'y a qu'à les rappeller, & en faire l'épreuve : cependant la Société Germanique n'a pas laissé que de se former, le Projet de Henry IV. n'a pas laissé que d'être approuvé, & n'est-ce pas une démonstration sensible que ces objections n'ont en effet rien de solide, & les prétendus obstacles ne sont rien moins que surmontables.

Il y a des établissemens désirables qui paroissent possibles, & qui, lorsqu'on se dispose à les mettre en pratique, se trouvent réellement impraticables. Tels sont quelquefois les établissemens qui n'ont aucun modéle en petit qui subsiste ; il y en a même qui sont possibles, & qui subsistent en petit, & qui sont impossibles en plus grand, c'est-à-dire, qu'ils sont tels qu'ils ont toute la grandeur qu'ils peuvent avoir, & que l'on ne sçauroit jamais faire plus grands qu'ils sont ; mais ici je crois que ce n'est pas le cas; puisque d'un côté il est évident par l'expérience que sept, que treize Souverainetez peuvent subsister unies sans

Chef perpétuel électif, soit pour présider aux Assemblées, soit pour commander les Armées, soit pour choisir & nommer les Officiers subalternes; qu'ainsi il est évident que l'Union Germanique pourroit être sans un tel Chef: il n'est pas moins évident de l'autre, que si elle étoit sans un tel Chef les Hollandois, & les Suisses pourroient s'y joindre, sans rien perdre de leur Territoire, de leurs droits de Souveraineté sur leurs Peuples, & cela dans la vûë de se conserver en Paix entre eux, de maintenir leur Commerce, de résister aux attaques des Puissances étrangéres, & de se rendre médiateurs & arbitres dans les Guerres qui naîtroient entre leurs voisins.

Il paroît donc démontré que l'Union Germanique n'a point atteint toute l'étenduë dont elle étoit capable; puisqu'elle peut encore embrasser la Hollande & la Suisse, & effectivement elle les a embrassés autre fois: car les Hollandois comme le reste de la Flandre étoient du Cercle de Bourgogne, la Lorraine, la Pologne en partie, le Dannemarck en partie ont déja fait partie de cette Union ; donc elle n'eſt pas encore au plus haut point de grandeur où elle puiſſe être ; la plûpart des Etats d'Italie en ont fait auſſi partie : pourquoi n'y pourroient-ils pas r'entrer ? L'expérience nous montre que la diverſité de Réligion n'eſt point une oppoſition inſurmontable : or ſi tous ces Etats y étoient remis & *ſans Chef perpétuel*, qu'on me montre quelle impoſſibilité il y auroit que l'Angleterre y entrât ; ſi l'Angleterre y étoit une fois entré, eſt-ce que la France pour prévenir les diviſions & les Guerres Civiles d'une Minorité auroit rien de plus avantageux à faire, que d'acquerir une pareille protection ? Qu'on me montre que cette Union auroit trop d'étenduë, ſi la France y entroit, elle qui eſt Frontiére de l'Union Germanique, la France même en fait déja partie par quelques unes de ſes Places ; & elle contribuë déja en quelque choſe au contingent de cette Union, le Roi d'Eſpagne y contribuë de même pour la Flandre, la Suéde, elle-même en fait déja partie, par une partie de ſes Etats.

Or que l'on me montre que ſi l'Union Européenne comprenoit une fois tous ces Etats que je nomme, elle ne pût pas encore y comprendre la Moſcovie : qu'on m'en montre l'impoſſibilité, j'ai été plus loin, je me ſuis approché le plus près de la pratique que j'ai pû, en propoſant dans le ſeptiéme diſcours divers articles de pratique : or que l'on me montre que l'on ne peut jamais en convenir, ou de quelques équivalens : que l'on me montre qu'ils ſoient inſuffiſans pour former l'établiſſement, & que ceux qui ſeroient néceſſaires pour la mettre en exécution, ne peuvent jamais être ou inventez ou accordez, ſoit à la pluralité, ſoit aux trois quarts des ſuffrages.

Juſqu'à ce que l'on me montre l'impoſſibilité en détail, & des impoſſibilités ſans rémede, n'eſt-il pas évident que l'Union Européenne paroît tellement poſſible, tellement praticable, tellement déſirable pour tout le monde, que ce ſeroit une très-grande faute pour ceux qui ont le plus d'interêt de ne pas en tenter l'exécution, en mettant la chose en examen chez eux, & puis en négociation avec quelques uns de leurs voisins, & s'il y a déja un congrés général de l'Europe en le faisant proposer & examiner dans le lieu même du Congrés, par les Plénipotentiaires : donc il demeure démontré que l'Union Germanique est réellement un modéle d'une plus grande Union, & qu'elle peut être portée peu à peu sans peine, & avec plus de perfection jusqu'à *l'Union Européenne*.

J'ai ajoûté plusieurs motifs de differens Souverains, & de differens Etats de l'Europe pour désirer & solliciter cette Union, la Pologne, l'Angleterre, l'Italie, la Moscovie & d'autres : encore ne doivent-ils pas y être sensibles ; sont-ce des motifs chimériques ? Sont-ils de la nature de ceux ausquels on ne doit faire qu'une legére attention.

Il ne me reste plus qu'à demander au Lecteur qu'il se souvienne du but que je me suis proposé, c'est de démontrer qu'il n'y a aucun Souverain en Europe, pour qui il n'y ait beaucoup plus d'avantages à signer le Traité d'Union, qu'à ne le pas signer.

Ma conclusion n'est pas qu'il n'y aura aucun d'eux qui ne le signe; mais qu'il n'y a aucun d'eux *qui n'ait beaucoup plus d'intérêt à le signer, qu'à ne le pas signer.* J'ai prétendu dans mon ouvrage faire une démonstration, & une démonstration ne regarde point le futur : car quoique ce que les personnes prudentes prédisent arrive souvent, il n'arrive jamais avec une nécessité tellement indispensable, qu'il n'eût pû ne pas arriver, du moins dans les effets produits par des causes libres, au lieu qu'en fait de démonstration, il faut pour qu'elle soit véritable, que la conclusion soit tellement nécessaire, qu'en supposant ce qui doit être supposé, elle ne puisse jamais être autrement.

Je sçai bien que le Lecteur voudroit encore sçavoir ce qu'il peut raisonnablement attendre d'un tel Projet pour l'avenir; mais je ne sçaurois sur cela que lui dire ce qui me paroît de plus vrai-semblable en lui montrant en quoi consistent les vrai-semblances.

Cet ouvrage traite d'une matiére très-importante à tous les hommes, & en traite d'une maniére si nouvelle, qu'il est plus vrai-semblable que beaucoup de personnes le liront, qu'il n'est vrai-semblable qu'il ne sera point lû ; ainsi les uns contribueront, sans y penser à le faire lire aux autres.

S'il est lû par un grand nombre de ceux qui sçavent le François, & en differens Païs ; il est plus vrai-semblable qu'il sera traduit en latin, & en diverses langues vulgaires, qu'il n'est vrai-semblable qu'il n'y sera point traduit ; c'est que non-seulement il y a par tout des Lecteurs assez gens de bien, pour en procurer des traductions ; mais il y a encore des gens de bien, qui se feront honneur & plaisir de faire eux-mêmes ces traductions, & à l'égard des Imprimeurs, leur intérêt leur suffit pour en multiplier les exemplaires. Voilà, ce me semble, ce qu'il y a de plus vrai-semblable.

Si l'ouvrage devient une fois commun en langue vulgaire dans toutes les Villes Capitales de l'Europe; il est vrai-semblable que beaucoup de personnes en parleront, & souvent dans toutes les occasions où l'on souhaitera la Paix, & où l'on craindra la Guerre ; ainsi il est plus vrai-semblable que les Ministres & les Souverains le liront & l'examineront, qu'il n'est vrai-semblable, qu'ils ne le liront point, qu'ils ne l'examineront point.

S'il est une fois lû & examiné par tous les Ministres, & par tous les Souverains ; il est plus vrai-semblable qu'il s'en trouvera quelques-uns qui prendront la résolution de tenter de mettre ce Projet en exécution, & de le proposer à d'autres ; qu'il n'est vrai-semblable qu'aucun d'eux ne prendra cette résolution : c'est que les avantages sont si grands & si évidens qu'il n'est pas vrai-semblable qu'aucun d'eux ne les aperçoive.

Si un Souverain se détermine à le proposer à ses Alliez, à ses voisins tantôt à l'un, tantôt à l'autre ; il est plus vrai-semblable que quelqu'un d'eux se joindra à lui, qu'il n'est vrai-semblable, que malgré ses représentations il demeurera tout seul de son avis ; sur tout s'il prend les conjonctures favorables : c'est que les avantages du Projet ne sont pas pour un seul, ils sont communs à tous, quoique plus grands, plus pressans pour les uns que pour les autres : ils ne sont pas seulement propres à déterminer dans une seule espéce de conjonctures, ils sont de tous les tems & de toutes les conjonctures, quoiqu'il y en ait de plus favorables, les unes que les autres.

Si deux Souverains sont une fois convenus de concert de solliciter les autres Souverains d'entrer dans l'Union, & qu'ils regardent comme la plus grande & la plus importante affaire de leur Regne, d'acquerir le plus qu'ils pourront de Membres à l'Union ; il est plus vrai-semblable qu'ils en acquéreront, qu'il n'est vray semblable qu'ils n'en acquéreront point : c'est que les réprésentations, les sollicitations de deux, font toûjours plus d'effet que celles d'un seul.

S'il y a une fois trois ou quatre Souverains bien unis, & tous occupez de faire réüssir leur Projet, ils prendront leurs mesures si justes; ils réviendront si souvent à la charge, pour faire valoir à d'autres ces grands avantages qu'ils en tireroient, qu'il est plus vrai-semblable que peu à peu ils gagneront la plûpart des Princes, les uns dans un tems plus proche, les autres dans un tems plus éloigné ; qu'il n'est vrai-semblable que la plûpart réfuseront toûjours opiniâtrément de signer le Traité. Le Lecteur pour se convaincre de cette opinion, n'a qu'à répasser dans son esprit les vingt-quatre Souverains votans, & les quinze avantages; & je suis sûr que vû l'évidence des avantages, il n'hesitera pas à croire qu'il est plus vrai-semblable que la plûpart auront signé dix ans après que le Projet aura été signé de quatre ou cinq, qu'il n'est vrai-semblable que la plûpart ne l'auront point encore signé alors.

Si la plûpart ont une fois signé, ils auront encore plus de force & plus de moyens pour se faire écouter, & pour persuader ; & cela d'autant plus que l'ouvrage sera connu depuis long-tems dans les Etats dont ils solliciteront les Souverains, & qu'il est difficile que dans le cours de dix ans il n'arrive pas des conjonctures favorables à ceux qui solliciteront; ainsi il est plus vrai-semblable que l'Union parvenuë à plus de la moitié de son accroissement croîtra enfin chaque année jusqu'à son entiére perfection ; qu'il n'est vrai-semblable qu'elle demeurera toûjours alors sans aucun accroissement.

De sorte qu'en remontant six ou sept dégrés : l'on peut dire que si l'ouvrage est une fois semé : il est plus vrai-semblable qu'il prendra racine, & qu'il portera tous les fruits que nous pouvons nous en promettre, c'est-à-dire que la Société Européenne s'établira quelque jour, qu'il n'est vrai-semblable qu'elle ne s'établira jamais.

Alors se vérifiera la prophétie sa-

lutem ex inimicis nostris, & de manu omnium qui oderunt nos. Les Nations d'Europe sont ennemies, elles se haïssent; & cependant en faisant ensemble un Traité de Société permanente, elles contribuëront toutes à la conservation & à la félicité l'une de l'autre.

Le progrés de cet ouvrage peut bien être fort lent; mais il peut arriver telle chose que l'établissement de la Société seroit fait en dix-huit mois, surtout si l'on prenoit les mésures que j'indiquerai, s'il est nécessaire en une heure de lecture.

J'ai démontré ce qui se pouvoit démontrer, & ce qui étoit de la derniére importance de démontrer; j'ai montré même ce qui s'y pouvoit montrer de plus vrai-semblable, & c'est, ce me semble en pareil cas, tout ce que le Lecteur peut attendre d'un simple Particulier, qui sur ceux qui peuvent tout, ne peut rien qu'autant qu'ils auront de désir de connoître & de suivre leurs plus grands intérêts.

F I N.

Ad dirigendos pedes nostros in viam Pacis.

Dessein de la seconde Partie.

Comme les Habitans de la Ville de Paix & de fon Territoire féroient deftinés à remplir les principaux Emplois de la République de de l'Europe, il faut, s'il eft poffible, trouver des Réglemens fi bons, qu'ils faffent d'excellens Citoyens; il faut trouver le moyen de faire que lorfqu'il s'agira de remplir un Emploi, ceux qui les éliront connoiffent entre les Prétendans celui qui peut le plus dignement le remplir, c'eft-à-dire, le plus habile, le mieux intentioné, le plus laborieux; & qu'ils foient toûjours très-intéreffez à placer le plus digne: il faut que chacun pour s'y bien gouverner foit excité chaque jour à faire mieux que fes pareils, foit par émulation, foit par l'efpoir des récompenfes honorables & utiles, il faut que chacun d'eux puiffe croire que pour avancer, il n'a befoin d'autre récommandation que de celle de fon travail, & de fes talens; afin qu'il s'y livre tout entier. D'ailleurs comme me ces Emplois sont les plus importans Emplois du monde; puisqu'ils consistent à entrétenir l'Union & la concorde entre toutes les Nations de la Terre. Il est à propos que ces Citoyens soient élevés, instruits, formés, pour les mœurs & pour les connoissances humaines par les plus excellens Maîtres; il faut qu'ils soient choisis entre les esprits du prémier ordre; il faut que cette Ville excelle; s'il est possible, en politesse, en agrément, en justice, en honnêteté, en sçavoir; il faut que l'on y trouve des hommes supérieurs aux autres : hommes en lumiéres, en indulgence, en fermeté, en patience. Il faut en bannir pour jamais l'oisiveté, la vanité, l'intempérance; le luxe & la mollesse; vices, qui au lieu de rendre réellement les hommes plus heureux, ne font que multiplier leurs besoins : il faut que le principal ressort de ces Habitans soit le désir d'exceller en vertu, en travail, en talens utiles à la République. Il faut que les Catons, les Scipions, les Aristides & les Epaminondas de cette nouvelle République soient uniquement occupés de belle gloire, & que par dessus ils ayent, s'il est possible, l'esprit plus éclairé que ces vieux modéles de la vertu humaine, afin de travailler plus utilement à leur propre bonheur, & au bonheur des autres ; c'est à ce sujet que j'ai déja fait plusieurs réfléxions, & formé les projets de divers réglemens & de differens établissemens que j'espere donner un jour dans la seconde partie de cet Ouvrage.

LETTRE DE L'AUTEUR

A M.

Pour examiner l'Ouvrage.

VOUS voyés, Monsieur, que les méditations politiques que j'ai faites dans ma solitude de S. Pierre Eglise, ont bien changé de forme depuis que j'ai pû profiter à diverses reprises des avis de nos plus habiles Négociateurs, & des meilleurs esprits de ce païs-ci. Je me propose de tenir la même conduite de reste de ma vie, approfondir, creuser, ébaucher les matiéres à la campagne, & venir ensuite ici les mieux aranger, les mieux polir, avec le secours de la contradiction, & des bons Critiques. Il est trop difficile à cause des distractions perpétuelles de rien creuser ici ; mais les diamants brutes que l'on a eu bien de la peine de tirer de la mine Champêtre, on les taille mieux ; on les met mieux en œuvre à la Ville qu'à la Campagne.

Je vous demande de relire le Projet, & surtout le troisiéme & le quatriéme discours ; c'est que quelque esprit & quelque attention que l'on y ait, il n'est pas possible à l'égard d'un Ouvrage médité comme celui-ci, que l'on puisse s'assurer d'avoir vû en huit ou neuf heures d'une lecture interrompuë, tout ce que l'Auteur n'a pû bien voir qu'en quatre ou cinq années d'une méditation suivie & opiniâtre ; cependant on ne peut pas être en état de bien juger de la bonté ou de la solidité d'un pareil Projet, que l'on ne soit sûr d'être parvenu au point de vûë de celui qui l'a composé.

S'il n'est pas certain que les Souverains feront tous un choix sensé ; n'est-il pas vrai-semblable du moins que le plus grand nombre, & les plus habiles ne feront pas un choix insensé ? Et ne trouvés-vous pas que si nous avons quelque chose à craindre de l'inaplication, de l'incapacité & de la folie des uns, nous avons beaucoup à espérer de l'attention, de l'habileté & de la sagesse des autres.

Si ce Projet même en l'état qu'il est, eût parû dans toute l'Europe en langue vulgaire du Regne de Henry le Grand, ne croyés-vous pas que les Souverains les uns après les autres l'eussent enfin agréé, & qu'ils seroient depuis ce tems-là, eux & nous dans une opulence, dans une félicité que l'on ne sçauroit bien répresenter ? Or si cet Ouvrage se traduit, s'imprime, & devient de nos jours aussi public ; pourquoi nos neveux & nos Souverains futurs ne joüiroient-ils pas dans cent ans des mêmes biens dont nous joüirions nous-même présentement, si le Projet fût parvenu dés-lors à la connoissance de tous les Princes & de leurs Ministres. Il est vrai que c'est un Projet, dont peut-être ni vous, ni moi ne verrons jamais aucun fruit ; mais par reconnoissance de ce que nous avons reçû des biens de nos Ancêtres, ne devons-nous pas tâcher d'en procurer d'encore plus grands à nôtre Posterité ?

A Paris le 15 Juillet 1712.

SECONDE LETTRE.

LE Projet de la Paix perpétuelle peut produire un grand effet en Europe ; mais pour cela il a besoin d'être protegé par les suffrages des gens de bien, & des Sujets zelés pour leurs Souverains, autrement il court risque d'être étoufé par le grand nombre de ceux qui en jugeront sans l'avoir lû. La nouveauté de l'idée, la jalousie de quelques Lecteurs, la présomption & l'inattention des autres ; voilà des obstacles formidables pour le succés du Projet : c'est ce qui me fait penser qu'il seroit à propos de pouvoir opposer homme à homme le témoignage de ceux qui l'approuvent au témoignage de ceux qui ne l'approuvent pas, afin d'obtenir au moins un examen serieux & sans prévention de ceux qui ne l'ont point encore examiné, & s'il se peut une nouvelle révision de ceux qui ne l'ont vû qu'en courant, & avec trop de précipitation, ou qui n'en ont vû que les premières ébauche qui étoient très-differentes de celle-ci ; mais afin de mettre en cette occasion des bornes précises au terme d'approbation, je regarderai comme Approbateurs ceux qui conviendront.

1. Qu'il leur paroît que j'ai démontré

dans le premier Discours, que tant qu'il n'y aura point de Société permanente entre tous les Souverains d'Europe, il n'y aura entre eux nulle sûreté suffisante pour l'exécution des Traités, & sur tout pour la durée de la Paix.

2⁰. Que la Société Germanique & le Projet de Henry le Grand, sont de puissans préjugés pour faire croire qu'il n'y a rien d'impossible dans la formation de la Société Européenne.

3⁰. Qu'il leur paroît que j'ai démontré dans le troisiéme Discours, que les Souverains les plus puissans ne peuvent jamais signer aucun Traité si avantageux que le Traité de la Société Européenne, pour rendre la Paix perpétuelle ; que les Etats Républicains & les Souverains les moins puissans ont encore un interêt plus pressant de signer ce Traité, qu'il n'y a aucune impossibilité que ces Etats commencent à former un pareil établissement ; que cet établissement une fois commencé, il ne leur sera pas difficile, en profitant des conjonctures favorables, d'attirer en peu d'années les autres Souverains l'un après l'autre dans la même Société.

4⁰. Qu'il leur paroît que j'ai démontré dans le quatriéme Discours & dans le reste de l'Ouvrage, que les Souverains peuvent trouver des moyens suffisans de rendre leur Société aussi durable qu'aucune société humaine, & faire ainsi que la Paix dure aussi long-tems que les hommes sentiront qu'ils ont besoin de Société pour être plus heureux.

Je me borne à cette Approbation, j'apprendrai avec plaisir les noms des Approbateurs; à l'égard des autres, je n'en veux point sçavoir les noms; mais tâchés, je vous supplie, de sçavoir d'eux mêmes en quoi consistent les raisons qu'ils ont de ne point approuver. Les approbations des uns aideront à soûtenir la réputation du Projet, & les objections des autres m'aideront infiniment à le perfectionner.

Un de mes amis m'a appris depuis deux jours que cette vûë d'établir une Société entre tous les Etats Chrétiens, n'a pas échappé au fameux Grotius, malheureusement elle n'a fait que passer legérement dans son esprit; mais toûjours c'est un grand préjugé pour cet établissement, que ce grand Politique l'ait regardé comme possible, & même en quelque façon comme nécessaire pour rendre la Paix durable en Europe. Voici comme il s'en explique dans son Traité de Jure belli & Pacis Lib. II. Cap. XXIII. VIII. Etiam ob hanc, tum ob alias causas utile esset, imò quodammodo factu necessarium, Conventus quosdam haberi Christianarum potestatum, ubi per eos quorum res non interest, aliorum controversiæ definiantur; imò & rationes ineantur cogendi partes ut æquis legibus pacem accipiant.

TROISIÉME LETTRE.

Divers jugemens sur le Projet.

IL y a eu beaucoup de jugemens differens sur la troisiéme ébauche de ce Projet; mais il me semble qu'on peut tous les raporter à trois classes : Les Lecteurs sur le seul titre de l'Ouvrage ont tous commencé par être prévenus contre la possibilité d'un pareil Traité. Ceux de la premiere classe sont demeurez dans la même prévention malgré les preuves; les seconds ne sont plus si prévenus, ils croyoient que le Projet de Société permanente étoit impraticable, & ils en doutent présentement ; pour ceux de la troisiéme classe, ils ont entiérement changé d'opinion, & croyent présentement possible ce qu'ils avoient jusques-là regardé comme impossible.

Rien

Rien n'est plus naturel que cette diversité de jugemens sur le même Ouvrage. Elle vient de la diversité des dispositions d'esprit & de cœur de ceux qui en jugent; à l'égard de ceux qui sont demeurez dans leur prévention, les uns n'ont pû croire que quelqu'un dont ils avoient une opinion si peu avantageuse, ait été assez heureux pour imaginer un Projet qui seroit une si belle chose, si c'étoit une chose praticable, si non seulement l'Auteur est méprisé, mais par malheur il est encore ou haï ou envié de ces mêmes personnes; comment pourroit-il espérer de les faire jamais changer d'opinion dans une affaire qui lui apporteroit une si grande réputation, & qui ne sçait que dans ces occasions rien n'est plus ordinaire que l'esprit soit la dupe du cœur.

Quelques-uns ont lû les premiéres ébauches, où les preuves étoient bien moins fortes, où je n'avois pas répondu à plusieurs objections nouvelles, où je n'avois pas assez bien répondu aux anciennes, où il y avoit beaucoup de choses qu'il falloit rétrancher, où les matiéres étoient mal digerées, mal arangées, où les raisonnemens n'étoient pas assez bien liez ; ainsi il n'est pas étonant qu'ils se soient déclarez hautement pour l'impossibilité du Projet, &

cette prévention à laquelle j'avois moi-même donné lieu, a fait que plusieurs n'ont pas même voulu lire la troisiéme ébauche, quoi qu'à la comparer avec les premieres, ce soit, pour ainsi dire, un Ouvrage tout nouveau.

Il y en a, mais en plus petit nombre, qui sont demeurez de bonne foi dans leur premiere prévention contre la possibilité de la Societé Européenne, ils changeroient peut-être de sentiment, s'ils vouloient se donner la peine de commencer à écrire contre cette possibilité, en mettant mes objections comme leurs preuves, & mes preuves comme leurs objections, & en comparant ensuite l'interêt de signer le Traité de Societé à l'interêt de ne le point signer ; qu'ils écrivent & ils verront qu'ils n'auront pas écrit beaucoup de pages que la seule comparaison de ces deux interêts leur fera tomber la plume de la main, je ne le dis qu'après l'expérience d'un homme d'esprit à qui chose pareille est arrivée.

A l'égard de ceux de la seconde classe, leur doute peut venir de quatre sources. 1°. C'est souvent faute d'habitude suffisante pour discuter & pour pénetrer les choses de raisonnement. 2°. C'est peut-être faute d'une connoissance suffisante des affaires générales & des interêts des Princes. 3°. C'est quelquefois faute de mémoire, comme il arrive aux gens qui ont plus de soixante ans, ils ont porté des jugemens à mesure qu'ils ont lû ; mais comme ils n'ont point la methode de faire des extraits, il ne leur est pas possible de se representer à eux-mêmes leurs propres jugemens,& par consequent ils ne sont pas en état d'en faire un resultat propre à les faire sortir de leur doute. 4°. Plusieurs ont assez d'abitude à examiner des choses de raisonnement, ils ont assez de connoissance des matiéres politiques, assez de mémoire pour se ressouvenir de ce qu'ils ont lû ; mais ils n'ont pas eu à la premiére lecture de la troisiéme ébauche une attention suffisante à la preuve de chaque article, à la preuve de chaque proposition, aux réponses de chaque objection ; ainsi comme ils n'ont pas eu la force & l'attention nécessaires pour sortir de leurs incertitudes & de leurs doutes, à mesure qu'ils lisoient les diverses parties de l'Ouvrage ; il n'est pas surprenant qu'à la fin de leur lecture ils ne sçachent que penser de cette possibilité dont la démonstration est cependant l'unique but de tout l'Ouvrage.

Je ne sçai pas de remede pour ceux dont

le doute vient des deux premieres sources ; car enfin une vérité a beau être clairement exposée, elle a beau être solidement démontrée, elle a encore besoin pour être sentie actuellement du Lecteur, que son esprit par quelques préparations précedentes ait une proportion actuelle avec cette verité ; c'est pour cela que je conviens que cet Ouvrage n'a presque aucune proportion quant à son but principal, ni avec l'esprit des jeunes gens, quoique net avec un esprit d'une grande étenduë, ni avec la plûpart des gens du monde, & encore moins avec la plûpart des femmes d'esprit. Pour ceux dont le doute vient des deux dernieres causes, ils ont un moyen d'en sortir, c'est de relire l'Ouvrage avec plus d'attention, & d'en faire à mesure de petits extraits pour soulager leur mémoire : je me suis souvent aperçû que par cette methode je profitois beaucoup plus à la troisiéme lecture qu'à la seconde & qu'à la premiere, quand le sujet étoit important & approfondi, & c'est même la seule maniére de se rendre propres toutes les lumiéres de l'Auteur sur la matiére, & de recueillir en peu de mois ce qu'il n'a pû lui-même ramasser & arranger, qu'avec beaucoup de peine & d'attention, durant un grand nombre d'années. Or d'un côté on ne peut pas dire que le sujet ne soit ici fort important, & de l'autre je n'entens que gens qui se plaignent de ce qu'il est trop approfondi.

Enfin, ceux qui croyent qu'il est possible que le Traité de Société permanente se signe un jour, sont de deux sortes ; les uns le croyent très-difficile, & doutent s'il se signera dans ce siécle ; les autres ne le croyent point si difficile, ils croyent au contraire si cet Ouvrage s'imprime & se publie en langue vulgaire dans toutes les Cours & dans toutes les Capitales de l'Europe, qu'il est très-difficile que deux Etats Républicains, comme la Hollande & Venise, ne commencent pas deux ans après a signer une convention pour travailler de concert aux articles d'un Traité propre à établir peu à peu entre les Etats Chrétiens une Société permanente assez solide pour rendre la Paix perpetuelle en Europe, & qu'il est encore plus difficile que cette convention étant signée, les Cantons Suisses, Gênes, plusieurs Princes d'Allemagne & d'Italie ne souscrivent, & qu'étant une fois ainsi souscrite par quelques uns, & par eux proposée tantôt à un Souverain, tantôt à un autre, elle ne soit dix ans après souscrite l'un après l'autre du reste des Souverains d'Europe.

Voilà toutes les sortes de jugemens qui se sont faits sur l'ébauche précédente, & qui se feront apparemment sur celle-ci, jusqu'à ce que quelque Puissance commence à s'ébranler pour jetter les fondemens de la Société Européenne.

SENTIMENS
DE M. LE BARON
DEL***

Sur le Projet de la Paix perpétuelle.

SI les Anglois ou les Hollandois, ou les Venitiens, ou quelques autres Etats députoient au Roi de France pour le supplier de vouloir bien négocier la Paix sur le Plan de la Société Européenne, je suis persuadé que Sa Majesté écouteroit volontiers cette proposition ; & voici les raisons qui m'en persuadent.

1°. Une pareille députation l'obligeroit lui & son Conseil d'examiner sérieusement les quinze avantages ou les quinze motifs qui doivent lui faire préférer la Société permanente à la non-Société, la Paix perpétuelle à la Guerre perpétuelle:

Or il me paroît impossible qu'il examine chacun de ces avantages sans entrer dans les vûës & dans le Plan du Roi son Ayeul, & sans accepter volontiers la proposition de négocier sur ce Plan.

2°. Outre les quinze motifs généraux qui peuvent convenir aux Princes très-puissans, il y a encore des considérations personnelles qui peuvent contribuer à déterminer le Roi de France; il n'est pas vrai qu'il ait une ambition injuste & démesurée, il n'est point vrai qu'il ait en vûë d'assujettir l'Europe. Un Prince uniquement occupé d'une pareille passion auroit-il fait scrupule au commencement de la Guerre de retenir toutes les Garnisons Hollandoises en Flandres, & d'attaquer à l'improviste les Places principales de Hollande. Or ce Plan doit plaire à tout Prince sensé, qui n'a point de désirs injustes d'envahir le bien des autres.

3°. Quand jeune & sans expérience, il auroit été capable de cette espéce d'ambition, il est vieux, il a expérimenté la vicissitude des choses humaines, & l'on sçait que dans la vieillesse tout travail devient penible, les affaires pesent, l'agitation déplait ; ainsi on quitte facilement des idées d'agrangissement par la voye des Conquêtes, pour ne plus songer qu'aux agrandissemens qui se peuvent faire en Paix & en tranquillité, & qui sont dans le fonds beaucoup plus considérables, beaucoup plus réels, de moins de dépense, & qui ne nuisent à personne.

4°. Quoiqu'il n'ait jamais été attaqué de cette folie d'aspirer à la Monarchie de l'Europe, il ne laisse pas de sçavoir que presque toutes les Nations l'ont soupçonné de cette injustice, & qu'une infinité d'Ecrivains fameux l'en ont accusé publiquement : il est donc de l'intérêt de sa réputation & de sa gloire de se justifier pleinement de ces odieuses accusations : Or peut-il jamais employer un moyen plus efficace pour prouver sa justice & sa modération, que de consentir à une Société qui lui impose l'heureuse nécessité à lui & aux siens d'être toûjours juste, moderé, ou du moins de ne prendre jamais que la voye des Arbitres pour terminer ses differens.

5°. Il se porte bien, mais il craint & avec fondement de laisser le Dauphin Mineur, & une Régence longue exposée à des Guerres Civiles & Etrangéres, il a même à craindre si le Dauphin venoit à mourir, qu'il n'y eut des Guerres entre ses petits Enfans, à l'occasion de la rénonciation : Or quel moyen peut jamais être plus efficace que l'établissement de la Société Européenne pour tenir tout dans l'ordre, dans le calme, pour protéger le Mineur contre les Rébelles, & pour prévenir les Guerres dans sa Maison à l'occasion de la rénonciation.

6°. Il sçait combien il est endetté, combien ses Sujets sont épuisez, combien le bas peuple est misérable, il sçait qu'il n'y a qu'une longue Paix qui puisse rétablir le crédit public, & remettre l'abondance dans le Royaume : or quel moyen plus seur peut-il employer pour asseurer à son Royaume une longue Paix au dedans & au dehors, que l'établissement d'une Société qui sera formée, pour ainsi dire, le lendemain qu'il aura signé les douze articles fondamentaux ? & quel plus grand bien-fait peut-il jamais procurer à ses Sujets presens & avenir, que la sûreté d'une pareille Paix ? quel moyen plus efficace peut-il jamais employer pour rendre son nom immortel & en bénédiction dans tous les siécles ?

7°. En homme sage, en bon Chrétien, il veut éviter l'Enfer & obtenir le Paradis, il cherche par de bonnes œuvres à obtenir le pardon de ses fautes : or quelle bonne œuvre comparable à l'établissement d'une Société qui preserveroit pour jamais tous les Peuples d'Europe d'une infinité de sacrileges, de profanations, de vols, de pillages, d'incendies, de violences, de meurtres, d'assassinats & d'autres crimes énormes, qui sont la suite nécessaire des Guerres Civiles & Etrangéres ? que dis-je, peut-on même refuser de concourir à un si saint établissement ? peut-on refuser volontairement de faire cesser pour jamais ce nombre prodigieux de crimes & de pechez horribles, sans commettre *volontairement* le plus grand & le plus horrible de tous les crimes ? Peut-on soutenir continuellement ce refus sans demeurer dans une habitude continuelle de péché mortel, & d'un péché exécrable ? Peut-on s'opiniâtrer publiquement à un pareil refus, sans se rendre infiniment odieux devant les hommes dans toute la posterité, & abominable devant Dieu pendant toute l'éternité.

Mais jusqu'à ce qu'il ait une connoissance pleine & entiére du Projet de Société permanente, il n'aura jamais la joye de concourir à un si saint établissement, & ceux qui connoissent le terrain de la Cour de France, disent que le Roi n'aura jamais cette connoissance pleine & entiére, à moins que quelques-uns de ses voisins ne le supplient de jetter les yeux sur les quinze sortes d'intérêts expliquez dans l'ouvrage d'un de ses Sujets, & qui sont apparemment les mêmes qui déterminerent le Roi son ayeul à former un semblable Projet.

EXTRAIT D'UNE LETTRE

DE

M. B. MINISTRE A LA HAYE,

A

M. D. MINISTRE A BERNE.

Du 15. Novembre 1712.

IL paroît ici depuis cinq ou six mois un Livre en un volume in douze imprimé à Cologne, qui a pour titre, Mémoire pour rendre la Paix perpétuelle en Europe. Je n'avois pas grande curiosité de le lire, parce que la plûpart de ceux à qui j'en avois oüi parler traitoient de chose entiérement impraticable le Projet de l'Auteur.

Mais enfin un de mes amis qui l'avoit lû avec cette prévention, m'ayant dit que l'Ouvrage lui paroissoit solide, & qu'il ne voyoit pas toutes ces impossibilitez dont on parloit tant ; je l'ai lû depuis peu je vous prie de le lire, vous en devez avoir à Berne, car il y en a beaucoup à Géneve.

Pour moi je vous avoüe qu'il me paroît de la nature de ces ouvrages qui doivent être rebutez d'abord par le plus grand nombre, comme il en arriva à la Philosophie ou plûtôt à la Methode de M. Descartes il y a 70. ans, mais qui doivent cependant s'établir un jour malgré ces premiéres contradictions.

Et effectivement ce Livre a déja formé deux partis, ceux qui croyent le projet de l'Auteur praticable s'apellent Irenistes les autres Anti-Irenistes, & je voi que les Irenistes qui dans les commencemens n'osoient quasi se déclarer, commencent à lever la tête & à soûtenir leur opinion dans les conversations : J'apprens qu'il y a beaucoup plus d'Irenistes à Amsterdam qu'ici, vous en devinez facilement la raison, il est naturel que l'Irenisme plaise davantage aux gens de Commerce qu'aux gens de Guerre.

On vient de me dire que l'Auteur a fait une nouvelle Edition de son Ouvrage plus ample du double que celle de Cologne ; j'ai grande envie de la voir, il me semble que l'on peut régarder son plan en politique comme un plan tres-nouveau & tres étendu, & aussi nouveau & aussi étendu que celui de M. Descartes en Phisique. C'est un plan d'interêts des Princes aussi opposez à tous ceux qui ont paru jusqu'aujourd'hui ; que la division est opposée à la Société, la Paix à la Guerre, l'incertitude à la seureté, la crainte à la tranquillité. Vous me ferez bien plaisir de me mander ce que vous en pensez, & s'il y a déja des Irenistes à Berne.

TABLE
Du second Tome.

SIXIE'ME DISCOURS.

I. Objection. *La Maison de France seroit trop puissante après la restitution des Conquêtes.* pag. 4

II. Objec. *La République de l'Union sera formidable aux Souverains.* 17

III. Ob. *La résidence des Députez à la Ville de l'Union pourra faire naître des conspirations contre l'Union même.* 21

IV. Ob. *Le Souverain se donne un Souverain au dessus de lui, en se donnant un Juge.* 31

V. Objec. *Est-il possible qu'un Projet si avantageux à tous les Souverains ait échappé aux plus habiles.* 45

VI. Ob. *Les Souverains ne sont pas assez raisonnables, ils sont trop gouvernez par les passions.* 47

VII. Ob. *En se dispensant de restituer les Conquêtes, les Alliez augmenteroient*

TABLE.

rôient leur sûreté. 60

VIII. Ob. *Point de dédommagement en faveur des Anglois & des Hollandois, pour les Conquêtes à restituer, & pour les frais de la Guerre.* 61

IX. Ob. *La rénonciation à tous droits, & à prendre les Armes sera un grand obstacle.* 70

X. Ob. *Il y a des principes de division perpétuelle entre les hommes, & ces principes s'opposent à l'Union.* 75

XI. Ob. *Un Souverain craindra que l'Union ne le prive de ses Etats.* 78

XII. Ob. *Est-il juste que l'Union soûtienne les révoltes dans un Etat rébelle, & qu'elle punisse deux cens Officiers de cet Etat.* 79

XIII. Ob. *Nul Souverain ne voudra d'Arbitres perpétuels pour décider ses différens futurs.* 82

XIV. Ob. *Procez long-tems indécis.* 85

XV. Ob. *Il y aura des cabales dans le Sénat.* 86

XVI. Ob. *Le désir de s'agrandir sera un grand obstacle.* 87

XVII. Ob. *La Guerre est une suite nécessaire du Péché Originel.* 94

XVIII. Ob. *La Guerre est un fleau de Dieu nécessaire à sa justice.* 100

Tome II. Nn

TABLE.

XIX. Ob. *Les Chrétiens ne se conduisent pas selon leurs plus grands interêts.* 102

XX. Ob. *Ce Projet est trop vaste pour être exécuté.* 107

XXI. Ob. *Ce Projet ne se signera point.* 116

XXII. Ob. *Gens d'esprit prédisent que ce Projet ne se signera point.* 117

XXIII. Ob. *Les Nations déviendroient trop nombreuses.* 119

XXIV. Ob. *Nul établissement humain ne peut être inaltérable.* 124

XXV. Ob *Christianisme & Mahométisme irréconciliables.* 127

XXVI. Ob. *La gloire des Armes en éloignera quelques Souverains.* 130

XXVII. Ob. *Les Ministres s'y opposeront.* 135

Considérations sur les interêts de la Noblesse. 142

XXVIII. Ob. *Difficulté de faire convenir vingt quatre personnes.* 146

XXIX. Ob. *L'abondance produira de grands maux.* 154

XXX. Ob. *Les Guerres purgent les Etats des esprits séditieux.* 162

XXXI. Ob. *Il est impossible que quatre ou cinq commencent.* 164

XXXII. Ob. *Il étoit à propos que l'Au-*

TABLE.

teur cachât sa Patrie. 166

XXXIII. Ob. *Difficulté à changer le train du ministere.* 168

XXXIV. Ob. *Les Ministres n'auront pas le loisir de lire.* 169

XXXV. Ob. *Un Souverain peut gagner un Résident & armer.* 171

XXXVI. Ob. *Principe de division, dans les hommes ; grand obstacle.* 172

XXXVII. Ob. *Il étoit à propos de donner ce Projet comme une idée Platonique.* 174

XXXVIII. Ob. *Chasser le Turc d'Europe auparavant.* 177

XXXIX. Ob. *Les plus puissans voudront avoir plus de voix.* 179

XL. Ob. *Souverains & Ministres accoûtumez à penser autrement.* 180

XLI. Ob. *Jalousie de métier révoltera les Ministres.* 181

XLII. Ob. *Plusieurs peuvent se liguer, pour détruire l'Union.* 182

XLIII. Ob. *Guerres Civiles impossibles.* 184

XLIV. Ob. *Maison de France pourra se liguer avec la Maison d'Autriche.* 185

XLV. Ob. *L'argent de la Guerre reste dans l'Etat.* ibid.

XLVI. Ob. *Une ambition folle peut s'em-*

TABLE.

parer de quelques Souverains. 187

XLVII. Ob. *Une longue Paix effacera toute idée des malheurs de la Guerre.* 188

XLVIII. Ob. *On n'osera dire la vérité aux Souverains.* 189

XLIX. Ob. *Il faut être fort prudent pour voir tous les avantages du Projet, & les Princes ont rarement beaucoup de prudence.* 191

L. Ob. *La Maison de France y gagneroit assez, sans prétendre de restitution.* 195

LI Ob. *Un Souverain ne voudra pas de la Société Européenne, de peur d'être mis un jour au Ban de l'Europe.* 197

LII. Ob. *Il y a plus de passions & plus vives pour le Système de la Guers.* 199

LIII. Ob. *Les Troupes des voisins de l'Europe s'aguerriront.* 201

LIV. Ob. *L'opulence du Peuple le dispose à la révolte.* 207

LV. Ob. *Les Particuliers ont beau voir l'interêt des Souverains dans l'Union, les Souverains ne le verront point.* 210

LVI Ob. *Il ne falloit point répondre aux objections.* 211

LVII. Ob. *L'Ouvrage est trop long.* 213

LVIII. Ob. *Il falloit se borner à proposer une Chambre Européenne, à la ressem-*

TABLE.

blance de la Chambre Imperiale. 215

LIX. Ob. Tirannie plus à craindre dans le Systême de la Paix. 219

LX. Ob. Les Alliez ne pourront se résoudre à restituer. 230

LXI. Ob. Les Alliez à la premiére connoissance de ce Projet s'éloigneront encore plus de la Paix. 247

LXII. Ob. Les Alliez regarderont ce Projet comme un piége. 251

LXIII. Ob. Trop de répetitions. 256

LXIV. Ob. Vingt-trois Souverains peuvent se liguer pour dépoüiller le vingt-quatriéme, & pour partager sa dépouille. 260

LXV. Ob. La Lorraine ne pourra pas fournir le contingent en Soldats. 260

LXVI. Ob. L'Union Germanique uniquement formée contre l'Empereur. 270

LXVII. Ob. Marchands d'Edimbourg ne pourront-ils point appeller du Jugement du Roi à l'Union ? 274

LXVIII. Ob. Nul tems où l'Union Germanique se soit formée. 277

LXIX. Ob. Interêts des Souverains opposé à celui des Sujets. 282

LXX. Ob. Henry IV. feignoit de vouloir établir la Société. 285

TABLE.
SEPTIEME DISCOURS.
Articles utiles.

I. ARTICLE. *Sûreté & privilege de la Ville de Paix.* 292
II. ART. *Généralissime de l'Union.* 294
III. ART. *Qualité des Députez, &c.* 296
IV. ART. *Fonctions des Députez.* 298
V. ART. *Forme des délibérations, &c.* 300
VI. ART. *Sûreté des Frontiéres de l'Europe.* 308
VII. ART. *Contingens.* 309
Liste des Contingens. 311
Dépense de l'Union. 313
VIII. ART. *Union Asiatique.* 316
Interêt de la Pologne. 319
Avantage d'un Roi sage pour son successeur Mineur. 323
Interêt des Souverains d'Italie. 328
Interêt de l'Angleterre. 331
Interêt des Mahométans. 335
Interêt du Czar. 336
Interêt des Souverains pour la vie future. 337
Interêt d'un Royaume prêt à tomber en Minorité. 343
Interêt des Etats, à cause des démêlez

TABLE

de Religion. 348
Intérêt des Suisses. 349
Récapitulation de l'Ouvrage. 351
Dessein de la seconde Partie. 400
Premiére lettre pour examiner l'Ouvrage. 402
Seconde lettre de l'Auteur. 405
Troisiéme lettre. Divers jugemens sur le Projet. 408
Sentimens de M. le Baron dEl*** sur le Projet de la Paix perpétuelle. 415
Extrait d'une Lettre de M. B. Ministre à la Haye, à M. D. Ministre à Berne. 421

Fin de la Table du second Tome.

ERRATA DU SECOND TOME.

Page 40. ligne 19. voudra, *lisez* vaudra.
P. 62. ligne 18. n'ayent, *lisez* ayent
P. 62. ligne 18. eussent, *lisez* ayent
P. 65. l. 23. à la supputation *lisez* à supputation
P. 110. ligne 17. autres articles, *lisez* articles.
P. 110. ligne 23. ne pourront-il pas, *lisez* ne pourront pas.
P. 123. ligne 24. 1669. *lisez* 1668.
P. 123. ligne 24. sixiéme, *lisez* dixiéme.
P. 123. ligne 26. quatre ans, *lisez* deux ans.
P. 123. ligne 28. effacez cinquante.
P. 127. ligne 13. & 14. Religions, *lisez* Religion.
P. 130. ligne 1. exposer, *lisez* mettre.
P. 133. ligne 14 d'un, *lisez* de
P. 137. ligne 17. & 18. mettent, *lisez* donnent.
P. 138. ligne 14. & 15. les constitutions presentes, *lisez* la constitution presente.
P. 140. ligne 26. qu'on ne dise, *lisez* qu'on me dise
P. 141. ligne 7. lesquels, *lisez* lesquelles.
P. 153. ligne 16. fait, *lisez* sait.
P. 161. l. 2. & 3. eff. & dont chaque parti permet.
P. 192. ligne 21. de *lisez* de la.
P. 196. ligne 21. ses lignes, *lisez* ces.
P. 208. ligne 8. se trouvent, *lisez* sont.
P. 222. ligne 2. tous, *lisez* tout.
P. 241. ligne 7. ceux, *lisez* eux.
P. 254. ligne 20. le, *lisez* les.
P. 256. ligne 5. sans lui rendre, *lisez* sans rendre au Roi.
P. 256. ligne 8. & 9. que prit le Roi, *lisez* qu'il prit
P. 285. ligne 10. ce je, *lisez* ce que je
P. 343 l. 19. reconnoissoient, *lisez* reconnoissent.
P. 371. ligne 16. déterminer, *lisez* terminer.
P. 277. ligne 14. & 15. bouleversement du sistême *lisez* sistême du bouleversement.
P. 380. ligne 16. effacez ne.
P. 380. ligne 28. de, *lisez* à
P. 385. ligne 27. édifice, *lisez* l'édifice.
P. 388. ligne 9. & les, *lisez* & que les.
P. 388. l. 11. surmontables, *lisez* insurmontables.
P. 391. l. 24. l'impossibilité, *lisez* des impossibilitez
P. 392. ligne 2. qui ont, *lisez* qui y ont.